EL RICO Y LAZARO

BROWNLOW NORTH

EL ESTANDARTE DE LA VERDAD

EL ESTANDARTE DE LA VERDAD
3 Murrayfield Road, Edinburgo EH12 6EL
Gran Bretaña
P.O.Box 621, Carlisle, Pennsylvania 17013,
EE.UU.

Primera edición en español: 1964
Segunda edición en español: 1984
Tercera edición en español: 1997
ISBN 0 85151 420 0
Dep. Legal: B. 23.940 - 1997

Traductor:
Francisco Adrover

Portada:
M. C. Ministerios Creativos
Aragó, 429, prl. 1 – 08013 Barcelona – España

Impreso por Romanyà/Valls, S.A.
Verdaguer, 1 - 08786 Capellades (Barcelona)

ÍNDICE

INTRODUCCIÓN

Hacia fines de junio de 1859 dos hombres paseaban por la cubierta de un barco que habiendo partido de Greennock iba rumbo a Irlanda del Norte. Era en una excelente tarde de verano, y a la moribunda luz del anochecer, la purpúrea grandeza de las montañas circundantes y las oscuras aguas del Clyde constituían un paisaje impresionante. Pero la atención de los dos pasajeros estaba indudablemente absorbida por otras cosas ya que la visita que iban a hacer a Ulster distaba mucho de ser ordinaria. En el más bajo de estos dos hombres es en quien centramos nuestro interés: un hombre de acusados rasgos faciales, anchas espaldas y gran resistencia. De unos cincuenta años de edad, vestía un oscuro traje como los usados por la gente del campo. Nada había en aquel pasajero que revelara a los otros el propósito de su viaje. Y ni siquiera Brownlow North se percataba de las importantes consecuencias que resultarían de aquél.

En los anales de la biografía sería difícil encontrar un relato más interesante que la vida de Brownlow North. Su abuelo, el Obispo de Winchester, era hijo de Lord North (durante el siglo XVIII primer ministro y líder parlamentario). Así que, ya desde su nacimiento en 1810, estuvo relacionado con la aristocracia y los dignatarios eclesiásticos. En los seis años que pasó en Eton, fue conocido como "el Caballero Jack" y se distinguió más como atleta que como estudiante. Una vez terminó sus estudios, se abandonó a la vida de placer, y aunque siempre profesó la religión tradicional de su familia, sus pasatiempos indicaban claramente lo que le satisfacía en mayor grado; la equitación, la caza, el juego de billar y el baile eran las cosas en que se deleitaba su corazón. Algunas veces, en verdad, se hacía serias reflexiones, como cuando, en un accidente, un amigo suyo con el cual cabalgaba fue muerto por un carruaje; o cuando las palabras de exhortación de la duquesa de Gordon le hacían moderarse; pero estas cosas no producían en el superficial corazón de Brownlow North ninguna impresión duradera. Oigamos como él mismo nos cuenta su historia:

"Durante cuarenta y cuatro años, el objeto de mi vida fue el de pasar el tiempo de forma placentera, y cuanto más agradablemente lo pasaba tanto más me satisfacía. Durante estos años, sea el que fuere el mal que hubiera podido hacer, creo que nunca hice a nadie bien alguno. Desde 1835 hasta 1854, excepto un período de tres años, la mayor parte de mi tiempo lo pasé en Escocia, donde alquilé marjales y pesquerías. Mi mayor idea del placer era la caza de la perdiz y la captura del salmón.

"Creo también que traté al pobre con liberalidad en los diferentes cotos de caza que arrendé. En las distintas colectas contribuí en cuanto imaginé que se esperaba, por ejemplo, con cinco chelines sueltos cuando a una anciana se le moría una vaca; pero lo que consideraba como el mayor acto de bondad hacia la gente y del cual esperaba recibir el mayor agradecimiento, era dar una cena y un baile al final de una cacería. Pero no se imagine el filántropo que intento comparar su filantropía con la mía; la suya la pongo en el más alto grado y la mía en el más bajo; solamente mantengo que, para los que recibieron nuestra bondad, todo será lo mismo dentro de cien años.

"Todo habitante de la vecindad, con su esposa e hijos, era invitado a mis fiestas, y también los guardabosques, los tenderos de la ciudad, mis sirvientes, todos y cada uno, así como cualquier conocido que éstos desearan llevar. Estaban muy contentos. Ya tarde, quizás algunos hacían demasiado ruido; por la mañana temprano veía a alguno de ellos muy tambaleante. Se hacía casi de día cuando, a veces, cierto número de hombres y mujeres, dándome tres «hurras» y agradeciendo mi amabilidad, gritaban mientras seguían camino de su casa: «¡Dios le bendiga!».

"Expresaban su gratitud por mi bondad. ¿Pero que acaso esto era bondad? Gritaban: «¡Dios le bendiga!»; pero ¿es que podíamos esperar ellos o yo bendición de Dios en tales reuniones? Es cierto que se hacían amablemente y como pago a la amabilidad de aquellos que cuidaron de mi casa y preservaron mis juegos, y yo no sabía otra forma mejor de decirles: «Me siento muy obligado con ustedes»; pero de nuevo me pregunto: ¿Era esto bondad?

"A fines de 1854 plugo a Dios venir con poder a mi corazón, de manera que me di cuenta de que no me aprovecharía de nada si ganaba todo el mundo y perdía mi alma." Y sigue relatándonos que una tarde, a principios de noviembre, fue cuando despertó a esa realidad.

Estaba sentado jugando a las cartas en la casa de campo que tenía alquilada para las jornadas de caza en los marjales de Dallas en Morayshire, cuando súbitamente sintió una sensación de enfermedad y tuvo la impresión de que iba a morir. "Dije a mi hijo: «¡Soy hombre muerto!; llevadme a mi habitación». Tan pronto hicieron esto quedé abatido en el lecho. Entonces mi primer pensamiento fue: Bien, ¿de qué me sirvieron los cuarenta y cuatro años de seguir los deseos de mi corazón? En pocos minutos estaré en el infierno y ¿qué bien me harán todas estas cosas por las que yo he vendido mi alma?"

Desde aquel momento, aunque su enfermedad pasó pronto, Brownlow North fue un hombre distinto. Sus puntos de vista cambiaron: entonces el Ser de Dios, la inmortalidad del alma, y la salvación únicamente por Cristo, se convirtieron en realidad viva para él. Sus hábitos cambiaron: entonces aprendió a orar, y amar la Palabra de Dios. Los propósitos de su vida cambiaron: ya no vivió para agradarse a sí mismo sino para servir a su Creador y Redentor. En una palabra: Brownlow North experimentó lo que experimenta todo aquel que llega a ser cristiano; como dicen las Escrituras, había "nacido de nuevo" y pasado de muerte a vida. Verdaderamente Brownlow North, no solo llegó a ser cristiano, sino que, al igual que el apóstol Pablo, vino a ser un predicador del Evangelio que por tanto tiempo había rechazado.

Es cinco años más tarde, en el verano de 1859, que encontramos a Brownlow North cruzando el mar hacia Irlanda. El transcurso de cien años puede oscurecer en la memoria aun los acontecimientos que cautivan nuestra atención, y hoy en día son pocos, probablemente, los que recuerdan el significado del año 1859. Fue un año que la Iglesia Cristiana tiene motivo para recordar hasta el fin de los tiempos. Sobre aquella tierra vino un gran despertar espiritual. Hombres y mujeres que en toda su vida no se habían preocupado por el estado de su alma, de una manera súbita se dieron cuenta de que eran pecadores necesitados de salvación; personas que asistían regularmente a la iglesia, pero que de una manera despreocupada llevaban años y más años escuchando sermones, súbitamente despertaron a las realidades de un mundo eterno; los pastores empezaron a predicar con renovada autoridad; los trabajadores llevaban la Biblia a sus bancos de trabajo; los taberneros liquidaron sus negocios y abrieron sus tiendas para vender libros religiosos. En resumen: el Espíritu de Dios obró en los corazones de los hombres, y en ninguna parte era más evidente esto que en Irlanda del Norte.

Mientras hubo muchos que se asombraron por sucesos semejantes a estos, los tales no extrañaron a Brownlow North. Sabía lo que significaba ser aprehendido de pronto por una mano Divina, y conocía personalmente la realidad de la preocupación que aquellas multitudes estaban experimentando. Era, pues, natural que los pastores de Irlanda —rodeados y apretados de oyentes— fueran a Brownlow North en busca de ayuda, y fue en respuesta a sus ardientes invitaciones que predicó incesantemente a lo largo y lo ancho de Ulster durante julio y agosto de 1859. Las sorprendentes escenas de aquellos meses exceden a lo que podemos describir en estas líneas; una completa relación de ellas se halla en libros como *Año de Gracia* de William Gibson. Sobra decir que las iglesias resultaron demasiado pequeñas para el número de asistentes. Hubo intensa hambre espiritual por la Palabra de Dios. Los cultos al aire libre se hicieron cosa común. ¡Encontramos a Brownlow North predicando a congregaciones que oscilaban entre 4.000 y 12.000 asistentes!

Es importante darse cuenta de que el contenido de este libro fue originalmente preparado en dichas circunstancias y predicado durante el avivamiento de 1859. Estos capítulos no están compuestos en el aislamiento de un estudio —alejado de los problemas de la vida y de las necesidades diarias de hombres y mujeres— antes bien, fueron compuestos para ayudar precisamente a personas como nosotros.

Si pudiéramos llamar de sus tumbas a estas multitudes de hace cien años, ¡con qué asombro contemplarían la indiferencia que hombres y mujeres muestran hoy en día hacia el Evangelio de Cristo! Aun los más recónditos rincones de nuestro país están hoy tan desesperadamente necesitados de este Evangelio como lo estaban aquellas multitudes en los días de Brownlow North. En torno nuestro hay hechos que nos recuerdan que la vida es corta, que este mundo no será siempre nuestra morada, "que no hay justo ni siquiera uno". Sin embargo, ¡qué pocos son los que se paran a pensar en el mundo eterno que está ante nosotros! Todos somos por naturaleza como era el autor de este libro antes de aquel momento crucial en su casa de Dallas, o como "el Rico" hace casi veinte siglos. Si este libro te encuentra en esa condición moral, da gracias a Dios por haberlo puesto en tus manos y ruega que su mensaje te conduzca, como ha conducido a innumerables otros, a una nueva vida y a un nuevo mundo: una nueva vida de comunión con Cristo, y un mundo que aparecerá cuando éste no sea ya más.

LOS EDITORES

CAPÍTULO I

EL SUFRIMIENTO TERRENAL NO SALVA

Lucas 16: 19-31

"Había un hombre rico, que se vestía de púrpura y lino fino, y hacía cada día banquete con esplendidez. Había también un mendigo llamado Lázaro, que estaba echado a la puerta de aquel, lleno de llagas, y ansiaba saciarse de las migajas que caían de la mesa del rico; y aun los perros venían y le lamían las llagas. Aconteció que murió el mendigo, y fue llevado por los ángeles al seno de Abraham; y murió también el rico, y fue sepultado. Y en el infierno alzó sus ojos, estando en tormentos, y vio de lejos a Abraham, y a Lázaro en su seno. Entonces él, dando voces, dijo: Padre Abraham, ten misericordia de mí, y envía a Lázaro para que moje la punta de su dedo en agua, y refresque mi lengua; porque estoy atormentado en esta llama. Pero Abraham le dijo: Hijo, acuérdate que recibiste tus bienes en tu vida, y Lázaro también males; pero ahora éste es consolado aquí, y tú atormentado. Además de todo esto, una gran sima está puesta entre nosotros y vosotros, de manera que los que quisieren pasar de aquí a vosotros, no pueden, ni de allá pasar acá. Entonces le dijo: Te ruego, pues, padre, que le envíes a la casa de mi padre, porque tengo cinco hermanos, para que les testifique, a fin de que no vengan ellos también a este lugar de tormento. Y Abraham le dijo: A Moisés y a los profetas tienen; óiganlos. Él entonces dijo: No, padre Abraham; pero si alguno fuere a ellos de entre los muertos, se arrepentirán. Mas Abraham le dijo: Si no oyen a Moisés y a los profetas, tampoco se persuadirán aunque alguno se levantare de los muertos."

Tal es la historia que nos relata el Señor mismo sobre estos dos hombres: el Rico y Lázaro. Digo historia porque me inclino a pensar que es historia y no tan sólo parábola. Jesús la presenta con la palabra "había". "Había" cierto hombre rico y "había" cierto mendigo. Sin embargo, sea ello historia o parábola es igual, ya que las lecciones que se desprenden son las mismas, y al exponértelas, haga Dios por su Espíritu Santo y por el gran nombre de la causa de Cristo, que tú, mi querido lector, recibas provecho de ellas.

Había cierto rico y había cierto mendigo. El rico murió y se perdió; el mendigo murió y fue al cielo, o como lo expresa el Señor Jesús según la forma judía, "fue llevado por los ángeles al seno de Abraham". No obstante, aquí la cuestión que más nos concierne es evidentemente ésta: ¿Por qué se perdió el rico y se salvó el pobre? Que las puertas del cielo se abrieran al uno y se cerraran al otro no era consecuencia de la posición social de estos. Jamás se ha perdido nadie por el simple hecho de poseer riquezas, ni tampoco se ha salvado persona alguna por causa de su pobreza material. Ambos, el rico y el mendigo, pasaron por la vida en el lugar que plugo a Dios colocarlos, y este lugar no era en sí una posición de pecado; a ambos se les confió talentos que debían usar para honrarle y glorificarle. No fue la diferencia en su condición social, sino la diferente manera como aprovecharon sus respectivas condiciones sociales, lo que fijó para siempre la diferencia entre ellos.

¡Y cuán grande, cuán terrible era esta diferencia! ¡Nada menos que la diferencia entre el cielo y el infierno! Una diferencia que difería de toda diferencia material por cuanto no era solamente por una vida sino por una eternidad. Sin duda fue muy grande la diferencia entre la posición terrenal del Rico y la de Lázaro. Las copas de ambos estaban llenas hasta el borde: una con casi todas las cosas buenas de esta vida, y la otra con toda suerte de infortunios y privaciones; sin embargo, el mismo hecho de que la diferencia era terrena le quita toda importancia substancial. Las cosas que se ven son temporales. La vida pasa pronto, y cuando ha pasado, ni sus goces ni sus penas tienen ya valor o significan algo en el más allá. Mas las que no se ven son eternas. Una vez en el mundo, ya sea para gozo o dolor, nuestra posición está decidida para siempre. Lo más importante para nosotros no es qué posición ocupamos, sino si en verdad buscamos la gloria de Dios en el lugar en que le haya placido ponernos. No importa cual sea; es el que Él ha elegido para nosotros. Este lugar puede estar por encima o por debajo de la posición que ocupa el término medio de la gente; pero, ya sea arriba o abajo, tiene sus privilegios y responsabilidades propias, y el día se acerca cuando tendremos que dar cuenta de la manera en que hemos usado lo que Dios nos confió. Piensa en esto, lector.

No argumentaré acerca de sobre quien de los dos, el rico o el pobre, muestra Dios Su amor electivo al asignarles su condición social en este mundo. Las dos situaciones tienen sus ventajas, las cuales, si se perfeccionan bajo la enseñanza del Espíritu Santo, les conducirán por igual a Cristo y al cielo; ambos tienen pruebas y tentaciones peculiares, y si éstas no les mantienen vigilantes haciéndoles velar, orar y esforzarse luchando contra las mismas, destruirán sus almas e irán al infierno igualmente. Es posible para los poderosos, opulentos, para la nobleza glorificar a Dios, morir e ir al cielo; también es posible para el más pobre y desdichado mendigo deshonrar a Dios, morir y no ir al cielo.

Desearía que estas verdades sobre el Rico y Lázaro quedaran bien expresadas. Estando constantemente dedicado a hablar en público, no tengo el tiempo ni la vitalidad indispensables para visitar particularmente, como muchos hacen, a personas de las distintas clases sociales. Aunque dentro de mi pequeña experiencia, en mi trato con los demás he encontrado casos de ricos que se excusan, con su posición social, de su irreligión, y de pobres que juzgan su posición como algo que les compensa de sus pecados; los unos diciendo que, situados como están, les es imposible salir del mundo y vivir una vida cristiana y consecuentemente les es imposible ser salvos; y los otros creyendo que porque son pobres y necesitados en este mundo no pueden serlo en el venidero y por consiguiente que no pueden perderse.

Con la ayuda de Dios me propongo hablar más ampliamente acerca de los ricos de este mundo presente, y de su actitud, aunque no diré más acerca de ellos ahora; pero no puedo dejar de mencionar dos casos de pobreza, dos ejemplos observados directamente por mí, en los que se ve cómo algunos pobres basan la seguridad de su salvación en la más grosera y destructora ignorancia.

Iba andando un día por los alrededores de Stirling, cuando se me acercó un mendigo y me pidió limosna. Era un hombre anciano ya, de aspecto mísero y ruin. Entablé conversación con él y gradualmente empecé a hablarle acerca de su alma, hasta que, en la medida en que me era posible juzgar, comprendí que no había ningún pagano que pudiera estar en tinieblas más densas. Aquel hombre parecía no comprender nada del camino de salvación y aunque le sonaba el nombre de Cristo, no sabía en relación a qué lo había oído mencionar; y ciertamente lo que estaba más lejos de su mente era el que Cristo es Dios que se manifestó en carne y murió por una criatura como él.

Entonces sentí más vivo mi interés por aquel hombre, y deseoso de despertar en él la inquietud por su destino eterno, después de algunas palabras preliminares, le dije: "Al verle, amigo, uno diría que usted no ha disfrutado mucho de la vida, y tengo la impresión de que ésta ya no será demasiado duradera. Usted parece saber algo de lo que significan las penas y los sufrimientos; ¿no ha deseado alguna vez acabar de sufrir cuando cese su vida en este mundo?

El rostro de aquel hombre se encendió de esperanza al contestar: "Sí, señor, y lo que creo en cuanto a ello es mi única felicidad en la tierra. Mi único placer y satisfacción es saber que he de morir pronto, y que con mi vida todos mis padecimientos habrán acabado."

"Pero cuando usted muera —le dije— sus sufrimientos y penas no habrán acabado, si antes no llega a conocer a Cristo y a creer en Él. Si usted muere sin ningún interés por Cristo, poco importará lo que haya sido aquí; no se salvará ni irá al cielo; y si cuando muera no va al cielo, todos los sufrimientos que haya podido conocer serán como nada en comparación con la miseria que eternamente padecerá."

El hombre me miró con perfecta incredulidad, pero mantenía aún su radiante sonrisa. "No señor —dijo— usted debe estar equivocado en esto. No digo que yo conozca a Cristo, del cual me está hablando tanto, pero sé que hay dos grupos, los ricos y los pobres, en este mundo, y que Dios da bienes a los ricos aquí, mientras a los pobres como yo les da dolor y sufrimiento. Decía bien al opinar sobre mí y decir que no he gozado mucha felicidad en este mundo. He oído hablar de tal cosa, pero esto es cuanto sé de felicidad. Por eso todas mis tribulaciones terminarán cuando muera, y entonces me llegará el turno de ser feliz. Nunca creeré que el Todopoderoso permita que una persona sufra la miseria y ruindad que yo he pasado, si no intentara recompensarle en el mundo venidero. Mi único consuelo y mi única esperanza en la tierra no los tengo más que en esto: que el fin de mi vida sea también el fin de mis sufrimientos."

¡Pobre hombre! Nada podía hacer por él. Le hablé por bastante rato, oré por él en mi corazón pero todo parecía en vano. Nada de lo que yo dije denotaba haber hecho la más mínima impresión en él. Sólo puedo esperar que sus ojos hayan sido abiertos; pero dejó en mí la impresión aparente de tener una plena confianza y seguridad en su opinión de que, aunque no conocía a Cristo, iría al cielo porque había sufrido mucho y su suerte en este mundo había sido adversa.

El otro caso fue todavía más doloroso que éste. Se me pidió que fuera a visitar a cuatro ancianas que vivían juntas en un pequeño apartamento proporcionado por la parroquia, y que estaban muy delicadas para poder asistir a los cultos del domingo. Encontré a tres de ellas postradas en la cama, mientras la cuarta parecía encontrarse algo mejor y trataba de olvidar sus dolencias cocinando sus comidas y cuidando de las que estaban en el lecho. Era una triste escena llena de miseria y privación. De las tres en cama, se me dijo que una de ellas estaba a punto de morir; aunque aparentemente estaba llena de vigor y al moverse, lejos de parecer exhausta, se la veía fuerte, el doctor había diagnosticado correctamente, pues murió unos diez días después de haberla visitado yo por primera vez.

Al enterarme de que no le quedaban muchos días de vida, fui al lado de su cama y empecé a hablar con ella. Y debo confesar que era extraordinariamente templada, y que por ello me deleitó. Sabía sobradamente que su vida estaba acabando, y hablaba de ello con el mayor gozo; lejos de sentir terror, miraba al más allá con impaciencia, hablando de éste como la puerta del cielo, donde no habría más pena ni dolor. No puedo asegurar si mencionó el nombre de Cristo o no; mi impresión es

de que lo hizo, porque poco después me di cuenta de
que poseía el hábito de parafrasear algunos párrafos y
citas bíblicas. Juzgando por la manera en que lo hacía,
por su tono de voz, y por sus palabras, que estaban llenas
de paz y seguridad a pesar de conocer la probabilidad
de su cercana muerte, yo no podía imaginarme que no
poseía a Cristo, y, sin embargo, me engañó por completo.
Me fui con la confianza de que tenía la seguridad de su
salvación y cuando di gracias a Dios por lo que le había dado, viendo su penosa pero a la vez bendita condición casi llegué a envidiarla y en aquel momento me
hubiese cambiado por ella. Al dejar la habitación la
anciana que las cuidaba me acompañó hasta la puerta y
dándome las gracias por haberlas visitado, me dijo que
esperaba volvería a hacerlo pronto. Le dije que sí, y
entonces le hablé acerca del privilegio que representaba
testificar en tales circunstancias a una anciana como
aquella.

Imagina, querido lector, mi sorpresa, cuando me contó
que esa mujer era una de las más indiferentes e incré-
dulas pecadoras que había conocido u oído hablar; era
completamente seguro que se estaba muriendo y decía,
creyéndolo muy gustosamente, que iba a ir al cielo; pero
mientras decía esto hacía de la pequeña habitación en que
convivían un infierno. Con sus maldiciones y juramen-
tos muchas noches hacía levantar a sus compañeras de
la cama. En medio del dolor o cuando algo le desagra-
daba sus sentimientos y el vocabulario con que se ex-
presaba eran igualmente espantosos. Se daba cuenta de
su postración y creían las demás que si no fuera por eso,

cuando le daba el arrebato de genio, se habría levantado y las habría matado.

Estaba realmente sorprendido y volví al día siguiente. Dirigiéndome a la mujer moribunda después de un intercambio de palabras con las demás, le pregunté: "¿Se siente usted tan feliz, y está tan dispuesta a morir como estaba ayer?"

"¡Oh, sí! —dijo—. Yo estoy siempre preparada. Ojalá hubiera partido ya."

"¿Entonces, está usted completamente segura de que Cristo le ama? —le dije—. ¿Y conoce que usted le ama a Él, que la sangre de Cristo ha lavado todos sus pecados y que Él es *su* Salvador personal?"

"¡Oh! —dijo—, unas señoras muy buenas han estado aquí hablándome de lo mismo que usted; pero ésta no es la razón por la cual quiero morir. Deseo la muerte porque he tenido toda clase de sufrimientos en el mundo, y por eso creo que cuando muera iré al cielo."

"¿Qué quiere decir?" —pregunté horrorizado.

"Quiero decir —replicó, excitada y casi con enojo, al darse cuenta de que no estaba de acuerdo con ella—, quiero decir que la gente no puede padecer pobreza y miseria en ambos mundos. He sido una criatura pobre y miserable y de mala salud, y vivido así todos mis días. No he conocido otra cosa más que miseria, y muero igual que he vivido. Siendo esto así, ¿cree que Dios me dejará ser tan miserable en la otra vida?"

"¡Mujer! —le dije—, su condición es terrible. Dice verdad al reconocer que su vida está acabando, y al verse pobre y miserable, pero mayor miseria es creer que por esto irá al cielo cuando va a ir al infierno. La Biblia dice refiriéndose a Cristo: «Porque no hay otro nombre bajo el cielo, dado a los hombres, en que podamos ser salvos» (*Hechos 4:12*), y usted no confía en ese Nombre, sino en sus propias penas y sufrimientos pasados. Dios no perdonará el pecado de ningún hombre por el hecho de que haya sufrido aquí, y es tan cierto como su Palabra que los sufrimientos que usted experimentara en el lugar a donde ahora se dirige serán mucho más terribles que los que hasta aquí haya conocido, a menos que abandone usted, de una vez, toda confianza en ellos, y haga descansar su esperanza de salvación en los méritos y obra salvadora de Jesús."

Por descontado, yo condenso la conversación, pero después de orar con ella, y por ella, intenté seria y afectuosamente llevarla a Cristo.

Era con manifiesta impaciencia que aquella pobre criatura me oyó. "Lo que usted dice no tiene sentido —afirmó—. Le repito que todo cuanto debía padecer lo he sufrido aquí; son los ricos, es decir, los que han tenido una vida de placer y goces aquí, y no los pobres, los que sufrirán en el mundo venidero."

"Es en verdad cierto —le dije— que aquellos que han malgastado sus riquezas meramente en goces y placeres terrenos, lo dejarán todo al morir, y nunca más conocerán o experimentarán un solo segundo de placer o gozo. Pero el pobre y el rico, si mueren sin Cristo, irán al mismo lugar. Ni la pobreza, ni la riqueza, ni la adversidad, ni la prosperidad, pueden por sí mismas destruir o salvar el alma. Si el rico muere en Cristo irá al cielo, y si el pobre muere sin Cristo ira al infierno."

"¡No, no irá al infierno! —grito interrumpiéndome—. ¡No, no irá! No tengo estudios, pero sé que no irá. Los que son como yo irán al cielo, y los que son como usted irán al infierno. Yo he pasado mis sufrimientos aquí, y al terminar mi vida no tendré que sufrir más y seré feliz para siempre."

Era inútil tratar de razonar con ella, pues esto sólo parecía despertar su mal temperamento, y a veces a tal extremo que yo temía me contestase en lenguaje soez. Fui dos veces más a verla con el mismo resultado. Era completamente feliz, según decía, cuando la gente le dejaba en paz. Ella había pasado todas sus tribulaciones en este mundo.

Al pasar por allí un día, me enteré de que había muerto durante la noche. Sus últimas palabras fueron una mezcla de expresiones violentas por todo lo que no quedaba como hubiese deseado, y expresiones de satisfacción porque por fin dejaba a sus compañeras de lecho.

Tengo la impresión de que casos como éste no se dan con frecuencia en un país cristiano como el nuestro (1), aunque no estoy muy seguro de ello; y también de que este caso tan peculiar de engaño es poco común; aun así, es solamente uno de la legión con que Satán embauca

(1) Esto era en la Inglaterra de mediados del siglo XIX.

a las almas. "Nadie puede poner otro fundamento que el que esta puesto, el cual es Jesucristo" (*I Corintios 3:11*), dice el Apóstol. Todavía hay muchos que mueren sin este fundamento, y aun así se creen felices —mueren felizmente sin Cristo— y mueren felizmente no teniendo mejor fundamento para morir con felicidad que aquél que tenía aquella pobre y desdichada mujer.

Desde luego no puedo asegurar que las conversaciones que sostuve estén transcritas literalmente, pero creo que he escrito lo que, en suma, es su substancia.

CAPÍTULO II

CÓMO EL MENDIGO LLEGÓ A SER RICO

"Había también un mendigo llamado Lázaro. Aconteció que murió el mendigo, y fue llevado por los ángeles al seno de Abraham."

"Murió el mendigo." Bendito momento para él. Conducido por los espíritus ministrantes a la presencia del Rey de Reyes, Dios mismo secó las lágrimas de sus ojos; en medio de los cantos de ángeles y arcángeles y de la innumerable compañía delante del trono, el que en la tierra no tuvo comida, ni vestidura, ni donde reclinar la cabeza fue recibido como un heredero de Dios, coheredero con Cristo, y le fue dada eternal posesión de una herencia en el reino de los cielos. ¡Oh, el gozo de aquel momento para Lázaro! Su último enemigo había sido destruido, y para él la muerte había sido la puerta de acceso a la vida eterna. Porque lo que al presente fue momentáneo y breve de su tribulación, obró para él un sobremanera grande y eterno peso de gloria (*II Corintios 4:17*).

¿Y por qué fue esto así? ¿Por qué fue que al morir Lázaro subió al cielo? ¿Fueron sus penas y los sufrimientos de su cuerpo los que produjeron los méritos para que se salvara? ¡Oh, no! Muchos han sufrido tanto o más que Lázaro, y al morir no han ido al cielo. La aflicción, en sí misma, como ya hemos dicho anteriormente, nunca llevó ni podrá llevar a nadie al cielo.

La aflicción es un talento. Es cierto que realmente es una vara de corrección en las manos del Padre amoroso, y que la usa a menudo para sus hijos buenos; pero también es un talento confiado a nosotros por Dios que espera lo utilicemos para Su gloria y nuestro bien eterno. Si así la empleamos, habrá pocos de Sus dones por los cuales esencialmente le alabemos más que por éste; porque grande es el don que Dios confía al hombre cuando le concede el de la aflicción. Produce apacibles frutos de justicia en aquellos que están ejercitados en ella, por los cuales estarán bendiciendo a Dios para siempre diciendo: "Bueno me es haber sido afligido" (*Salmo 119:71*).

Pero, ¡ay del hombre que no ve ni reconoce la mano de Dios en la aflicción! Ésta, si no ablanda, endurece, y grande y aun mortal es la dureza de corazón que produce. Hay muchos a los que Dios ha mandado apuro tras apuro, mandato tras mandato; penas, enfermedad, prueba, necesidad, cargas y mal sobre mal, cada uno siguiendo al otro en ininterrumpida sucesión, o tal vez todos juntos, o con una pequeña diferencia de meses o años; y, sin embargo, todo esto no les ha producido impresión espiritual alguna y bajo todas esas aflicciones sus corazones han permanecido enaltecidos y su dios ha seguido siendo el dios de este mundo. Es espantosa esta verdad de que muchos hombres han sido llamados a la corrección durante años, hasta sus últimos días en la tierra, y no se han apercibido del fin concerniente a su alma. Personas que, como Faraón, a pesar de todos los juicios de Dios han mantenido hasta el fin su natural ignorancia y oposición y, al irse de este mundo para dar cuenta a Dios de los bienes que les confío, han encontrado que su aflicción en esta vida solo ha servido para incrementar su tormento en la eternidad.

Pero éste no fue el caso de Lázaro. Es cierto que sus aflicciones no le llevaron al cielo, pero sirvieron para mostrarle que en las cosas de este mundo es inútil buscar la felicidad. Su porción en este mundo fue la aflicción, y al no contentarse con ésta, buscó y encontró otra; una porción que hizo para él algo que ninguna porción terrenal puede hacer: le satisfizo en medio de todas las pruebas mientras vivió; le satisfizo en la muerte; y le llenará en grado creciente de satisfacción por toda la eternidad. Lázaro, estando insatisfecho y sintiendo que las cosas temporales nunca podrían satisfacerle, buscó refugio en las cosas espirituales. Fue a las Escrituras y al Dios de las Escrituras; y halló en las Escrituras, bajo la enseñanza de Dios, una porción que le colmaba de satisfacción espiritual: encontró a JESUCRISTO.

A partir de este momento, el mendigo, con Cristo por su porción, era más feliz en sus andrajos a la puerta del Rico, que éste con su púrpura, su lino fino y la suntuosidad de comidas que disfrutaba cada día. El Rico tan sólo pudo decir que tuvo su porción "en las cosas presentes"; pero Lázaro, desde el momento en que encontró a Cristo, pudo aplicarse lo que el apóstol Pablo dijo a los corintios: "Todo es vuestro... y vosotros de Cristo, y Cristo de Dios" (*I Corintios 3:21-23*). Y llegó el día cuando el mendigo murió. Y Aquel que había sido su porción en esta vida fue su porción también en la hora de la muerte; y fue porque él buscó y encontró a Cristo, y únicamente por esto, que cuando murió fue llevado por los ángeles al seno de Abraham.

Algunos preguntarán con qué autoridad digo esto. Contesto que es con la más alta e inapelable autoridad: la de la Palabra de Dios. Si niegas la autoridad de esta Palabra entonces no tenemos bases comunes en que podamos encontrarnos, más si aceptas que la Palabra de Dios es verdad, entonces tienes que admitir que ningún hombre va al Padre sino por Cristo, y en consecuencia que no hay otro nombre, salvo el de Jesús, dado a los hombres, en que podamos ser salvos. Lázaro fue al Padre, *por tanto debió ir por Cristo*; Lázaro fue salvo, *por tanto fue salvo por Cristo*.

Cualquier cosa, cualquier circunstancia puede llevar un alma a Cristo. El rico puede sentir lo que Salomón experimento: que este mundo no constituye una porción capaz de satisfacer al alma, y este pensamiento puede llevarle a Cristo. El pobre puede experimentar lo que Lázaro sintió: que este mundo no constituye una porción que satisfaga al alma, y este pensamiento puede llevarle a Cristo. La prosperidad, la adversidad, la salud, la enfermedad, el gozo, la aflicción, la caída de una hoja o el vuelo de un pájaro, cualquier cosa, sea lo que fuere, en las manos de Dios el Espíritu puede ser un medio para llevar un hombre a Cristo; *pero no hay nada, a no ser Cristo, que pueda llevar a un hombre al cielo*.

Hubiera sido un gran privilegio el haber conversado

con este pobre mendigo que yacía a la puerta del Rico.
Aunque es verdad que no vivió en tiempos de tanta cla-
ridad y luz del Evangelio como los nuestros, pienso en
que probablemente su amor, gozo, paz, paciencia, gen-
tileza, bondad, fe, mansedumbre y caridad eran manifies-
tas a cuantos le conocían, y debería ser mostrado hoy
para avergonzar a mucho de lo que ahora se llama cristianismo. Tengo la completa seguridad de que firmemente
creía de sí mismo que era el mayor de los pecadores y
que LA SANGRE REDENTORA DE CRISTO era su
única esperanza. Abraham se gozó en ver el día de Cristo,
lo vio y se alegró; Moisés escribió sobre Él, y David le
llamo "Señor"; y bajo la dirección del mismo Espíritu
que enseñó a Ab.aham, Moisés y David, creyó en Él y
fue salvado por Él.

Lector, ¿te ha enseñado el Espíritu Santo a conocer
a Cristo? Hay un conocimiento que "hincha", pero no
es el conocimiento de aquel que es enseñado por Dios.
Si conoces a Cristo bajo la enseñanza del Espíritu Santo le amas, y si le amas tratas de servirle y promover
Su gloria. Éste es el conocimiento que aprovecha. Si lo
posees, alaba al Señor por ello con todo tu corazón, pues
a Él es debida toda la gloria porque solo Él te ha hecho distinto. Pero si no lo tienes y mueres sin él, poco
importa cuales hayan sido tus circunstancias terrenales:
tu porción eterna no será con Abraham y Lázaro.

Pero no solamente murió el mendigo, sino que leemos: "Y murió también el Rico".

¿Qué? Pues sencillamente: lo que sucedió al pobre sucedió también al rico. ¿No podían la riqueza, el rango,

la influencia o la posición social hacer que este hombre no muriera? ¡No! Estas cosas pudieron proporcionarle suntuosidad y evitarle cosas desagradables en la vida, pero *no pudieron proporcionarle vida*. Dice el Señor que no hay hombre alguno que tenga poder sobre el Espíritu para retenerlo, ni tenga poder en el día de la muerte; y no hay posibilidad de tregua en esta guerra. El que nos dice: "Aconteció que murió el mendigo", nos dice: "y murió también el Rico".

Satán, en la medida en que le es posible, tratará de que ningún hombre recuerde que debe morir; consecuentemente, es un distintivo de la gente que está bajo su poder el olvidarse de la muerte, y al olvidar la muerte, olvidar también a Dios y el juicio; y hablan y obran como si sus vidas en la tierra fueran eternas. No obstante, lector, a no ser que el Señor Jesucristo venga antes, seas quien seas un día ciertamente tendrás que morir. Este día puede parecerte todavía muy lejano, y así fue también con el Rico en los días de su juventud, en la fortaleza y vigor de su salud, cuando vestía de lino y estaba agasajado con suntuosidad y agradable compañía, cortejado, festejado, alabado, adulado y quizás amado; y si alguien le hubiese hablado de la muerte, ¡cuán lejana, desvaída e insubstancial le hubiese parecido! ¡Cuán innecesario el tema, cuán fuera de lugar, y qué mal recibido! Mas, por encima de todo, la muerte llega. Aun habiéndola él olvidado, y esto también en su juventud y en los días de mayor felicidad, la muerte constantemente se acercaba más y más a él, y por la noche estaba más cerca que por la mañana hasta que, finalmente y de una manera quieta e imperceptible pero segura, el día que parecía tan lejano llegó, y vino la muerte. Una mañana el sol se levantó en el último día de púrpura, lino y esplendidez; y lo que aconteció al mendigo sucedió también al Rico: *"y murió también el Rico"*.

Lo que sucedió a ambos es, sin duda, lo que te espera a ti. Sea hoy o al cabo de muchos años, tarde o temprano, lo que se dijo de ellos se dirá también de ti: HA MUERTO.

¡HA MUERTO! ¿Cuántas veces lo has dicho tú de otros? Lo has dicho tanto de jóvenes como de viejos; de los enfermos como de los que aparentaban buena salud; de los que creíste que morirían como de los que no esperabas que llegasen a morir, y tal vez de los que piensas en este momento. Éstos murieron cuando no lo esperaban y tú también morirás cuando no lo esperes; pero lo esperes o no, de todas maneras morirás: "Está establecido para los hombres que mueran una sola vez." Y lo que tantas veces has dicho de otros, algún día otros lo dirán de ti: ¡HA MUERTO! Pueda el Espíritu Santo bendecir este pensamiento en ti, pues es en verdad solemne. ¿Y por qué este pensamiento sobre la muerte es tan solemne? Ya he citado una parte de Hebreos 9:27: "Esta establecido para los hombres que mueran una sola vez". ¿Recuerdas las palabras que siguen a éstas en la Escritura? Son las palabras que siguen las que hacen que la muerte sea tan solemne: "Está establecido para los hombres que mueran una sola vez, *y después de esto el juicio*". Dos realidades ciertas: la primera la muerte, y después de la muerte el juicio final e ineludible. Bueno sería para algunos si pudieran escapar del juicio y morir como las bestias; pero no pueden. Una vez nacido el hombre debe ir hasta la muerte y el juicio. Esto corruptible debe ser revestido de incorrupción y lo mortal de inmortalidad. Al nacer el hombre, su existencia viene a ser tan eterna como la de Dios; debe usar del tiempo que se le ha otorgado en la tierra como es debido, y concluido este tiempo establecido para vivir tiene que afrontar la muerte, y después de ella EL JUICIO.

Más que locos son aquellos que no conocen ni consideran el valor del tiempo. Pido a todo aquel que cree en la Biblia que considere de que manera hacen las multitudes uso del tiempo y entonces que manifiesten si tales muchedumbres no están más fuera de sí que los locos. ¿Cuál es la duración VERDADERA de la vida del hombre? Una eternidad. ¿Cuál es la duración de su vida en esta tierra? En los que más, setenta u ochenta años. Los primeros setenta u ochenta años de una existencia que es eterna es todo el tiempo dado al hombre para preparar su destino eterno. ¿No debería este hecho, por el cual la verdad de Dios es revelada, eliminar toda indiferencia y hacer que aun los más descuidados espiritualmente se pararan a pensar? ¿No debería llevarnos a una estricta observación de cómo y en qué empleamos el tiempo? Jesucristo, la "Sabiduría de Dios", dice: "Haceos tesoros en los cielos". Jesucristo, "la Verdad", dice: Todo hombre que atesora para sí riquezas es un necio y no es RICO para Dios. Aun la persona más sencilla puede entender que será en gran manera desilusionado y sorprendido aquél que, creyéndose inmortal, vive sola y principalmente para las cosas temporales. ¿Qué valor tenían la púrpura, el lino fino y la suntuosidad del Rico cuando su médico le dijo que iba a morir? ¿Qué será de ti en la misma hora, si habiendo ganado todo el mundo pierdes tu alma?

¡Oh! ¿Quién puede tratar de explicar a los demás, o siquiera comprender por sí mismo, el alcance del valor del tiempo? Exceptuando siempre el don inefable de Cristo y Su Espíritu, Dios no ha dado al hombre algo más valioso que el tiempo. El tiempo es *el día de salvación* del hombre. Mientras el hombre tenga tiempo, y por más que sea el peor de los pecadores, puede arrepentirse, creer al Evangelio y ser salvo. Y mientras tenga tiempo el que ha sido salvo puede atesorar para sí riquezas en el cielo y crecer en la gracia y en el Conocimiento de su Señor y Salvador. Había un siervo de Cristo que recibió de su Señor un talento y mientras tuvo tiempo lo convirtió en dos. Este siervo entró en el gozo de Su Señor y reina ahora sobre dos ciudades. Había un siervo de Cristo que recibió del Señor un talento y mientras tuvo tiempo lo convirtió en cinco. Este siervo entró en el gozo de su Señor y ahora reina sobre cinco ciudades. Había un siervo de Cristo que recibió de su Señor un talento y mientras tuvo tiempo lo aumento hasta diez. Este siervo entró en el gozo de Su Señor y ahora reina sobre diez ciudades. Habrá unos que se sentarán a la derecha y otros a la izquierda del Señor en Su Reino; sean quienes fueren éstos, fueron pecadores que merecieron el infierno, pero, al igual que tú y yo, fueron salvos por gracia; más aun así podemos estar ciertos que todos ellos hicieron buen uso de su tiempo mientras estuvieron sobre la tierra.

Considerando el tiempo como la oportunidad del hombre, piensa en lo que es el valor del mismo; piensa en lo que *debieras* hacer de él; piensa en lo que estás haciendo con él.

¡Oh, inconversos, la eternidad está ante vosotros! No uséis vuestro tiempo para este tiempo. ¡Oh, redimidos, ante vosotros esta la eternidad! No uséis vuestro tiempo para este tiempo. Redimid el tiempo para Aquél que os ha redimido a vosotros. Cada instante que redimís reporta gloria a Dios, y es un tesoro que os hacéis en el cielo; cada instante que perdéis es derrochado de los bienes de vuestro Señor, y tanta más pérdida acarrea a vuestro eterno peso de gloria.

CAPÍTULO III

CÓMO EL RICO LLEGÓ A SER POBRE

"Murió el mendigo; y murió también el Rico y fue sepultado." No se dice que el mendigo tuviera algún funeral. Del hombre no recibió honor, pero tuvo el honor que procede de Dios solamente: "Murió el mendigo, y fue llevado por los ángeles al seno de Abraham".

No obstante, sí esta expresamente indicado que el Rico fue sepultado. Sin duda la pompa y la fastuosidad de su funeral fue todo lo que hubiera deseado de haber podido darse cuenta, y todo lo que podía satisfacer el orgullo de sus cinco hermanos que quedaban en vida; pero mientras el duelo seguía al muerto al panteón familiar y ponían la lápida monumental en el lugar preparado, ¿dónde estaba el Rico? El Señor Jesús nos lo dice: *Estaba en .el infierno, atormentado.* "Y murió también el Rico, y fue sepultado. Y en el infierno alzó sus ojos, estando en tormentos."

Lázaro murió; el Rico también murió. Para el ojo humano el evento de la muerte había sido idéntico. Pero después de la muerte viene el juicio, y ¡cuán diferente fue el resultado del juicio para estos dos hombres! Lázaro murió y por el juicio de Dios fue inmediatamente al cielo; el Rico murió y por el juicio de Dios fue inmediatamente al infierno.

Como esta historia es narrada por nuestro Señor mismo, sabemos que es una verdad pura y sin mezcla. Siendo así ¡qué prueba más convincente tenemos aquí para derribar y refutar la doctrina no bíblica del purgatorio! Que nadie te engañe. Ni la enseñanza de la Iglesia ni la de los clérigos debe creerse si es contraria a las Escrituras, y la doctrina del purgatorio lo es por cuanto dice que, mediante el sufrimiento personal o cualquier otro, puede haber arrepentimiento, reconciliación o salvación más allá de la muerte. Sobre este tema la Palabra de Dios es clara: ÉSTA nos dice que es en la tierra donde el hombre puede arrepentirse del mal. El inicuo debe arrepentirse del mal que ha hecho en contra de Dios y de su propia alma, abandonarlo, y así obtener misericordia para con Dios; no hay *arrepentimiento* —no hay cambio de mente y de corazón— en el sepulcro. La enseñanza de la Biblia es que no hay ningún otro lugar en el que el hombre pueda arrepentirse o en el que Dios pueda mostrarle misericordia, cuando sin lugar a dudas se puede decir de él: HA MUERTO. Como sucedió con el Rico y Lázaro, así sucederá con todos nosotros. Inmediatamente después de la muerte, nuestro lugar es designado: es fijado en el cielo o en el infierno sin posibilidad de cambio, y para siempre.

No olvides lo que dije en el capítulo anterior sobre el valor del tiempo.

Ahora, ya que hemos llegado a esta verdad, que el Rico se perdió surge una pregunta muy importante: ¿Cuál fue su pecado? Está clarísimo que el pecado causó la destrucción de su alma por cuanto le cerró las puertas del cielo y le hundió en la ruina eterna. Pero, ¿cuál fue?, preguntamos de nuevo. Mostramos anteriormente que la pobreza de Lázaro no fue el motivo de su justificación, al igual que las riquezas del Rico no fueron su pecado. No es pecado ser rico. Abraham, que es llamado en las Escrituras "amigo de Dios", era rico (*II Crónicas 20:7*); David, Salomón, José y muchos otros se vistieron de púrpura y de lino fino e hicieron banquete cada día con esplendidez y, sin embargo, cuando murieron fueron salvos; y así ha sido con muchas personas como ellos. No fue la posición en que Dios le situó en la tierra lo que privó al Rico de ir al cielo, ya que ésta le otorgaba ventajas sobre muchos otros para glorificar a Dios y procurarse un tesoro espiritual. Fue, pues, sin duda, el mal uso que hizo de las ventajas de su posición lo que definió e incrementó su culpabilidad y condenación. Su posición material no era en sí pecado. ¿Cuál fue, pues, el pecado del Rico?

La respuesta a esta pregunta constituye la razón principal por la que he escrito este libro. ¡Qué Dios me capacite para exponértela y hacerla llegar a lo más íntimo de tu ser por el poder del Espíritu Santo! Yo creo que el del Rico es EL PECADO que ha sido la causa terrible y fundamental de la destrucción del alma de cada hombre que ha muerto desde que la promesa "la simiente de la mujer herirá la cabeza de la serpiente" fue dada. Creo que es EL PECADO que desde esta promesa hasta nuestro tiempo ha hundido al mundo en maldad; EL PECADO que viene condenando, no sólo a los ricos y a los pobres, los de alta condición y los de baja, sino también a los de moralidad elevada y a los de vida impía y depravada, y a toda clase de persona excepto aquellos que han nacido otra vez por el Espíritu; EL PECADO que lleva a todos, cuando mueren, al lugar en que se halla el Rico en los tormentos.

Nadie piense que se trata de un pecado que el pobre no puede cometer. Como el Rico pudo buscar y hallar lo que Lázaro encontró y salvarse, así también Lázaro pudo haber pecado como el Rico y perecer para siempre.

¿Cuál fue, entonces, su pecado? Antes de contestar a esta pregunta tenemos que hacernos otra. ¿Cuál era, por naturaleza, la condición real del Rico? ¿En qué aspecto su posición fue semejante y en cuál distinta a la de la generalidad de los hombres?

Primeramente, ¿en qué fue distinta? Fue distinta en la mayor parte de las circunstancias y condiciones terrenas. Pocos son los hombres que nacen para llevar la púrpura y el lino fino, y celebrar festines cada día. Pocos, relativamente, han ocupado el lugar que ocupó él en medio de tal abundancia y prosperidad, como pocos han podido disponer a voluntad de las "cosas buenas" de este mundo como él pudo. Cuando el hombre comió del árbol prohibido y pecó, Dios le dijo: "Maldita será la tierra por tu causa. Con el sudor de tu rostro comerás el pan." Pero esta maldición, tan profundamente experimentada por casi todo ser humano, pareció no haber causado efecto perjudicial alguno en él. Nunca experimentó, y quizás nunca conoció que existía, esta maldición en la tierra y que la misma no sólo afectaba a la tierra sino también a él personalmente en común con los demás hombres. Su propia apreciación sería que él no tenía nada en común con ellos. Era el tipo exacto de rico que fuera piedra de tropiezo para Asaf, el salmista, cuya descripción nos da en el Salmo 73. Primeramente dice Asaf: "En cuanto a mí, casi se deslizaron mis pies; por poco resbalaron mis pasos", y luego nos explica el porqué: "Porque tuve envidia de los arrogantes, viendo la prosperidad de los impíos." "No pasan trabajos como los otros mortales, ni son azotados como los demás hombres." "He aquí estos impíos, sin ser turbados del mundo, alcanzaron riquezas." "Logran con creces los antojos del corazón." He aquí un retrato del Rico: ocupando una posición tal como para que el mundo, que no ve que pueda el desear algo que no tiene, le llame bienaventurado. Y aun los que son de Dios, a menos que Su gracia se lo impida, sienten que se agita su propia corrupción y se levanta la envidia cuando consideran la prosperidad del Rico. En esto, pues, su suerte era muy distinta a la de los otros mortales.

¿Pero fue la posición del Rico tal que le hiciera escapar de todo mal? ¿No tuvo necesidad de ser suplido en nada, ni de participar de algo en común con el resto de los hijos de los hombres? ¡Ah, sí!, aunque probablemente no la reconociera en la tierra, y aunque vemos que nunca la sintió. Nació con una necesidad, la más grande de las necesidades del hombre; jamás ha nacido un descendiente de Adam, sea rico o pobre, sin esta necesidad. El Rico nació heredero de púrpura, lino y suntuosa comida, pero nació en el mundo SIN DIOS.

Lector, mis últimas palabras son una solemne verdad,

y no por solemnes dejan de ser verdad. Son verdad. Ésta es la necesidad de todo ser humano sean cuales fueren sus demás circunstancias. Aunque podemos diferir mucho de los demás hombres en algunos aspectos, en esto somos todos semejantes. Nacimos en el mundo SIN DIOS y, a no ser que entre nuestro nacimiento y nuestra muerte nazcamos de nuevo espiritualmente por el Espíritu de Dios, viviremos y moriremos sin Dios, y en tal caso, aunque hubiéramos ganado todo el mundo, mejor hubiera sido para nosotros no haber nacido jamás.

San Pablo, escribiendo a los que a través de su ministerio se habían convertido en Éfeso, les describe en el capítulo 2, verso 12, lo que éstos eran antes de convertirse, y lo hace explicando cuál es la condición de la raza humana por naturaleza. "En aquel tiempo —antes de haber sido vivificados espiritualmente— estabais sin Cristo alejados de la ciudadanía de Israel y ajenos a los pactos de la promesa, sin esperanza y sin Dios en el mundo." Ahora bien, este pequeño verso que expresa en substancia todo cuanto el lenguaje puede describir referente a la destitución y miseria humanas, puede ser resumido en dos palabras que son precisamente las que San Pablo usa, las finales: "SIN DIOS". El que no tiene a Dios no tiene a Cristo, y el que no tiene a Cristo está alejado y es extranjero a todo lo verdaderamente bueno, y si aun así tiene alguna esperanza para el más allá ésta es antibíblica y engañadora para su alma, porque al morir sin Dios, perecerá ciertamente como el Rico.

He dicho que todo cuanto puede decirse de la destitución y miseria humanas puede resumirse en dos palabras: "SIN DIOS", y también he dicho que todo hombre por naturaleza está SIN DIOS. Estas dos afirmaciones son verdad en su sentido total y completo: el que no ha buscado ni hallado a Dios, no importa cuales sean su prosperidad y circunstancias en el mundo, es mucho más miserable y digno de compasión que nunca lo fuera Lázaro bajo el dintel del Rico.

Cuando Dios puso a Adam en el jardín del Edén mandó al hombre diciendo: "De todo árbol del huerto podrás comer; mas del árbol de la ciencia del bien y del mal no comerás; porque el día que de él comieres, ciertamente morirás." Adam, el hombre, comió y en aquel día, según la Palabra de Dios —y en aquel momento cuando el sabor del fruto prohibido estaba aún en su paladar—, murió. Su cuerpo no murió en aquel instante; Adam vivió muchos cientos de años después de su pecado, pero en aquel momento en que quebrantó el mandamiento del Señor perdió, no su vida temporal, sino su vida eterna; y su alma murió.

Dios es la vida del alma. Ningún alma está viva si no tiene a Dios, y en el mismo momento que Adam pecó *Dios le dejó.* Aquella vida eterna que vino al mundo con el retorno al seno del Padre; y con un cuerpo todavía capaz de realizar las labores y funciones naturales de la vida, Adam murió espiritualmente. En el momento en que Adam pecó vino a ser una criatura *"sin Dios en el mundo."*

Ésta es la muerte de la que Adam murió en el Paraíso; ésta es la muerte de la cual todo descendiente de Adam ha muerto (todos nacen en el mundo sin Dios);

ésta es la muerte de la que el Señor Jesucristo, cuando
vino a redimirnos de esta muerte, murió por nosotros y
que hizo brotar de Él aquel grito de agonía: "Dios mío,
Dios mío ¿por qué me has desamparado?"

¿Quién puede argüir lo contrario? Estar sin Dios es
muerte, y no sólo es muerte, sino que no hay otra
muerte. Para el que tiene a Dios la muerte física no es
realmente muerte —para expresar esto en las Escrituras
se habla como de un *dormir*; pero el que está sin Dios
está muerto espiritualmente. Puede tener nombre de que
vive; puede, junto con los demás, perseguir activamen-
te los placeres del mundo, ser sabio y prosperar en él;
puede cumplir todos los deberes externos de la religión
para satisfacción de los hombres e ilusión de su alma;
pero aun así estar muerto. "El que tiene al Hijo", dice
la Escritura, "tiene la vida; el que no tiene al Hijo de
Dios no tiene la vida". Esto es verdad, entre otras razones, porque el Padre y el Hijo son Uno; así, pues, el
que no tiene al Hijo no tiene al Padre y, en consecuencia, no tiene la vida por cuanto está "sin Dios en el
mundo".

Cuando Lázaro y el Rico nacieron, ambos nacieron "sin
Cristo" y "sin Dios". Cuando Lázaro y el Rico murieron, Lázaro tenía a Dios y el Rico no lo tenía. En esta
tierra Lázaro no podía encontrar felicidad sin Dios e hizo
lo que el Rico también hubiera podido hacer de sentir
insatisfacción: busco y encontró al Señor Jesucristo. Mas
el Rico no experimentó esta necesidad; poseía lo que le
satisfacía: púrpura, lino, comida espléndida, y no sintió
ni deseó la única cosa que no tenía. El Rico lo tenía

todo menos a Dios; el mendigo no tenía nada más que
a Dios y ambos se contentaron con su porcion. Lázaro
tenía a Dios, y estaba satisfecho; el Rico estaba satisfecho
sin Dios.

Ahora, querido lector, ¿comprendes cuál fue el pecado
del Rico; el pecado por el que lleva casi veinte siglos
en los tormentos; el pecado cuya culpabilidad eterna
jamás será expiada? El pecado del Rico fue EL CON-
TENTARSE EN VIVIR SIN DIOS. Nació sin Dios (ésta
fue su maldición) y se contentó en vivir sin Dios (éste
fue su pecado). ¿Estaba yo equivocado cuando he dicho
que era un pecado que el rico y el pobre podían igualmente cometer? ¡Oh, tengan cuidado tanto el rico como
el pobre, porque Dios no hace acepción de personas! La
piedad con contentamiento es una gran ganancia, pero
EL CONTENTARSE EN VIVIR SIN DIOS IMPLICA
CONDENACIÓN.

¡Oh, tú que te contentas sin Dios en el mundo, la
maldición más terrible de Dios en este lado del sepulcro está sobre ti! Puesto que estás sin Dios, ¿quién es
el que reina sobre ti? Satán, el que tiene mayor poder
después de Dios, "el príncipe de la potestad del aire, el
espíritu que ahora opera en los hijos de desobediencia"
(Efesios 2:2). Indudablemente esta declaración aun no es
demasiado fuerte; si tú estás sin Dios y te contentas en
ello, ningún endemoniado en los días del Señor estuvo
más poseído por el diablo que tú. Dudas de esto; te en-
orgulleces de tu libre albedrío y dices que podrías vol-
verte a Dios con facilidad si así te lo propusieras y que
quizá lo harás algún día; pero al presente te gusta más

pecar. Tú que crees que puedes desechar el pecado y volver a Dios cuando te plazca estás en un grave error al creer una mentira. Puedes hacer cualquier cosa humana por el capricho de tu voluntad; puedes dedicar tu tiempo y tus pensamientos, tu dinero y tus mejores energías a cualquier cosa de este mundo en la que centres tu interés; pero no puedes dejar el pecado, buscar y encontrar a Dios cuando quieras. Es verdad que si lo buscas lo hallarás, pues Él ha dicho: "Buscad y hallaréis"; pero el diablo no te dejará buscarle a menos que, desconociéndolo tú, Dios esté ya contigo ayudándote. Clama a Él que te ayude; no te puedes ayudar a ti mismo sin Él. Tan solo tienes que intentar hacer por ti mismo lo que dices para probar la verdad de lo que digo. Tu puedes hacer cualquier otra cosa que te guste ya que en las cosas naturales, por difíciles que sean, sólo tienes que luchar contra carne y sangre; Satán es indiferente a las que hagas, no pone oposición. Pero empieza a inquietarte por el estado de tu alma y trata de ser cristiano; trata de honrar a Dios y guardar sus mandamientos; trata de vivir según tus mejores deseos te muestran y según te gustaría morir; trata incluso de caer sobre tus rodillas en el nombre de Cristo y orar a Él; o trata de pensar durante diez minutos sin distraer tu atención de lo que es estar sin Dios; y al momento te darás cuenta de que estas luchando, no solamente contra carne y sangre, sino contra principados, contra potestades, contra los gobernadores de las tinieblas de este mundo; y no sólo estás luchando, sino que te encuentras con que no tienes fuerza para resistir su poder. Quizá ya lo has intentado; muchos lo han intentado. Muchos, en ciertos momentos, se han dado cuenta de que era peor que la locura el vivir solamente para este mundo, y deseando ser cristianos, trataron de serlo; pero su intento fracasó y su bondad fue como la nube matutina que cubre la tierra de rocío. ¿Por qué? Porque el hombre fuerte se lo impide y es más fuerte que ellos. Les hubiera gustado ser cristianos e intentaron serlo; pero Satán no se agradó en ello y trató de impedirlo. ¿Qué sucedió entonces? Al no ser tan fuertes como él, acabaron obrando, no como ellos deseaban, sino como él deseaba. Sus voluntades fueron vencidas y fue hecha solamente la voluntad de Satanás, siendo la demostración de ello el que ahora no son cristianos.

Una vez más digo que, mientras con resolución y poderes naturales pueden hacerse casi todas las cosas materiales, la resolución y poder natural son impotentes en las cosas espirituales. Deja que se jacte en su libre albedrío, el hecho es que el hombre que está sin Dios no puede, en las cosas de Dios, hacer lo que desea, sino que es conducido cautivo por Satán a *su voluntad*. Ningún hombre por naturaleza puede ser cristiano, porque por naturaleza está sin Dios.

Lector, déjame preguntarte con todo amor: ¿Crees realmente que a los ojos de Dios eres cristiano? O dicho de otra manera: ¿Tienes a Dios? La pregunta no es si eres moral y respetable, un buen padre, madre, esposo, esposa, hijo, amigo o vecino; no es si eres veraz y justo en tu proceder; no es si cumples estrictamente todos los deberes de tu Iglesia o denominación. Muchos hacen todo esto y más, pero no son cristianos, no son salvos, porque no tienen a Dios. La pregunta es: ¿Tienes a Dios? Si lo tienes lo has recibido desde que naciste de nuevo porque, seas quien seas o lo que seas, cuando viniste al mundo estabas sin Dios, Dios no estaba en ti. Los que han conseguido a Dios han experimentado un segundo nacimiento, han nacido de nuevo por el Espíritu Santo; el Espíritu de Dios ha venido a ellos, Cristo ha sido formado en ellos, y por el Espíritu que habita en ellos han sido hechos templo de Dios. El objeto de la obra de Cristo en la tierra no fue solo abrir un camino por el cual el hombre pudiera acercarse a Dios, sino que consistió en abrir un camino por el que Dios, como Dios de misericordia, pudiera llegar hasta el hombre. Fue el pecado del hombre el que interpuso la barrera de separación entre Dios y éste, y para destruirla tuvo que morir Cristo. Cristo derramó su sangre para satisfacer el clamor de la justicia de Dios contra el hombre; y así, aboliendo el pecado por el sacrificio de Sí mismo, creo un camino por el cual Dios podía volver al hombre. Dios dejo a Adam porque pecó, y por consiguiente (ya que estar sin Dios es muerte) Adam murió; Dios vuelve al hijo de Adam al creer éste en Jesús y por consiguiente (ya que tener a Dios es vida) el hijo de Adam vive.

Estas verdades son absolutamente necesarias para la salvación: sin conocerlas ni recibirlas ningún hombre puede salvarse. Hay multitudes que todavía no saben nada de ellas. ¿Por qué? Porque estas multitudes se CONTENTAN EN VIVIR SIN DIOS. La obra de Dios el Espíritu es la de tomar las cosas que son de Jesucristo y mostrarlas al hombre, pero el hombre natural no tiene

el Espíritu de Dios; por esa razón, estas verdades le son
locura, de modo que no puede conocerlas ni recibirlas.
Si tuviera el Espíritu Santo haría ambas cosas ya que
cuando Dios el Espíritu viene al hombre le enseña "todas
las cosas" y le guía a "toda verdad". Un hombre puede hacer todas las cosas cuando Cristo le fortalece, pero
no puede hacer nada cuando está sin Dios. ¿No dijo el
Señor lo mismo cuando pronunció aquellas palabras: "Sin
mí nada podéis hacer"? (*I Corintios 2:14; Juan 14:16;
15:5; 16:3; Filipenses 4:13*).

A la luz de estas verdades evidentes, ¿quién era más
rico? ¿El Rico, que lo tenía todo menos a Dios, o el
mendigo, que no poseía nada excepto a Dios? Al Rico,
cuando estaba en la tierra, le hubiese parecido "locura"
contestar: "El mendigo con Dios"; pero ahora, si le fuera
posible volver a hablarnos después de veinte siglos de
experimentar lo que es estar sin Dios, ¿cómo crees que
respondería a la pregunta anterior?

Más profundo que lo que el corazón humano puede
penetrar es el significado de las palabras SIN DIOS; sin
embargo, lo que es estar sin Dios es una lección que,
como Lázaro en este mundo y el Rico en el otro, todo
hombre debe aprender y comprender. Quien la aprende
aquí puede bendecir al Señor por ello, por cuanto AQUÍ
ningún hombre necesita permanecer ni un solo momento
sin Dios. Para todos aquellos que tienen hambre y sed
de él, una invitación sigue a otra invitación y una promesa a otra. Realmente no puede concebirse estado más
bendito que el de aquel que puede clamar de lo profundo
de su corazón: "Mi alma tiene sed de Dios". Mas aquel

que nunca siente sed de Dios aquí, padecerá sed de él en el mismo momento de morir. El que nunca deseó un Salvador en la tierra, sentirá ciertamente necesidad de un Salvador en el infierno. El Rico estaba satisfecho sin Dios en el mundo, pero tan pronto como estuvo en el infierno se dio cuenta de su necesidad y su primer grito fue: "¡Tengo sed!".

Lugar aterrador es el infierno, en el cual por primera vez se aprende lo que es la agonía de la sed. Se describe en la Biblia como "la cisterna en que no hay agua" (*Zacarías 9:11*). Cristo no fue con Su plan de misericordia a los ángeles que cayeron de su primer estado, sino que vino a la tierra e hizo volverse a Dios, no a los ángeles caídos, sino a los hombres. Por amor de Cristo, Dios dará su Santo Espíritu a todo hombre que lo pida en la tierra; pero Cristo no hizo volverse a Dios a los diablos: no hay Espíritu Santo para apaciguar la sed o satisfacer las necesidades del hombre en el infierno. Es cierto que Dios está en el infierno, porque Dios está en todas partes; pero es un Dios *fuera de Cristo*; Dios descargando su venganza sobre aquellos que vivieron satisfechos sin Él en este mundo. ¡Este es un Dios que es fuego consumidor! (*Salmo 139:8*).

Quien quiera escapar a la suerte del Rico debe guardarse del pecado del Rico; CONTENTARSE EN VIVIR SIN DIOS.

CAPÍTULO IV

EL POBRE RICO

¡Ah, el pobre Rico, cuántas cosas hace ahora que nunca hizo en la tierra! Las cosas viejas pasaron, todas son hechas nuevas. La púrpura, el lino, la esplendidez se fueron para siempre y en su lugar hay tormento, necesidad, súplica. Y aunque ya mencionado, no es menos importante para nuestra enseñanza: los ojos del Rico fueron abiertos y vio el reino de los cielos. ¡Cuán terriblemente se debe incrementar la agonía de los condenados en el infierno al ver el reino de los cielos! El Rico, en los tormentos, alzó sus ojos y vio a Abraham de lejos y a Lázaro en su seno. Hasta que se halló en el infierno el Rico no vio el cielo porque vivió y murió sin haber nacido de nuevo, y la Escritura dice: "El que no naciere de nuevo, no puede ver el reino de Dios." Es posible que en la tierra hubiera visto algo del reino del infierno. Creo que muchos de los que viven en un país cristiano y experimentan en cierto modo algo de la dispensación de la Providencia de Dios en un período u otro de su vida, adquieren más o menos vivamente una impresión del reino del infierno. La enfermedad, la muerte de un amigo o familiar, un sermón conmovedor, una conversación con un fiel creyente, todo esto y muchas otras cosas pueden llevar al hombre a pensar en la eternidad y a preguntarse: ¿Qué será de mí cuando muera? En tales casos la conciencia da a menudo la verdadera respuesta: *Irás al infierno.* Y este pensamiento es horrible, mucho más horrible de lo que la mente puede soportar; de ahí que, por queridos que le sean sus pecados y por grande que sea el sacrificio, haga la determinación de abandonarlos todos y vivir el resto de sus días de tal manera que cuando muera pueda escapar del infierno. En el momento de tales convicciones ve la gran verdad de que nada aprovecha al hombre ganar todo el mundo si pierde su alma. Pero nunca se ha dado el caso de que el corazón de un hombre haya sido cambiado de amar al pecado a amar a Dios como resultado de un trivial temor al castigo. No quiero decir que debe desecharse el temor al infierno. El diablo nunca dio al hombre ni el más leve temor a Dios, y si tienes el más insignificante temor al pensar sobre la eternidad se debe a la misericordia de Dios, y este temor del Señor puede ser para ti el principio de la sabiduría. Acude a Cristo con él, y cree lo que te dice en Su Palabra. Si tu temor te lleva a Aquél que ha dicho: "Al que a mí viene no le echaré fuera", por más que los hombres llamen a este temor trivial u otro calificativo cualquiera, para ti será un bendito temor, un temor que será el medio por el que Dios salvará tu alma. Pero aun así, tal visión de la eternidad puede ser, y a menudo es, un temor puramente humano que desaparece con las mismas circunstancias que lo originaron. El hombre puede ver el reino del infierno en este mundo y olvidarlo; pero una vez el hombre cuyos ojos han sido abiertos por el Espíritu de Dios ve el reino de los cielos, no lo olvida jamás. Su visión espiritual puede oscurecerse por un tiempo, pero si realmente lo ha visto, nunca perderá la visión permanente del mismo. "Cosas que ojo no vio" (es decir, el ojo natural), "ni oído oyó, ni han subido en corazón de hombre, son las que Dios ha preparado para los que le aman"; pero a aquel que ve el reino de los cielos, estas cosas le han sido reveladas por el Espíritu de Dios, quien mostrándole el reino le ha mostrado también el Rey; le ha dado, no solamente un atisbo de los placeres espirituales que se encuentran a la diestra de Dios para siempre, sino también un descubrimiento de lo que es Dios mismo. A partir de este momento —el momento en que el hombre, en la tierra, ve realmente a Dios— nada más que Dios puede satisfacerle; de entonces en adelante estima todas las cosas como pérdida por la excelencia del conocimiento de Cristo Jesús, su Señor. Y si alguna vez no procede así es porque ha perdido de vista a su Señor; porque no será conmovido el hombre que ve al Señor *siempre* delante de sí.

El Rico vivió y murió sin Dios y nunca sobre la tierra vio el reino de los cielos; pero en el infierno sus ojos fueron abiertos para contemplar tal visión: "Y en el infierno alzó sus ojos, estando en tormentos, y vio de lejos a Abraham, y a Lázaro en su seno."

Otra vez digo de qué manera tal visión debió incrementar los tormentos del pobre Rico añadiendo agonía mental a la física. Entonces vio, no solamente lo que había de ser su porción eterna, sino también lo que esta porción hubiera podido ser; no sólo la miseria que se acarreó, sino aquella gloria que sobrepasa todo entendimiento y de la cual se había excluído a sí mismo. Cuán reales y auténticas eran para él todas aquellas cosas que una vez creyó quiméricas e insubstanciales. Dios, Cristo, el Espíritu Santo, el diablo y sus ángeles, de una manera harto convincente vinieron a ser personas reales; el cielo y el infierno, lugares reales. ¡Oh, quién puede describir la agonía de aquel ser cuando se dio cuenta de que, habiendo existido un tiempo en el que pudo buscar y encontrar a Dios y haber sido hecho participante de la herencia con los santos, no tan solo estaba condenado a pasar toda la eternidad con el diablo, sino que se encontraba también apartado del reino de los cielos!

Pero el Rico no solamente vio lo que jamás había visto mientras estaba en la tierra, sino que su primer acto en el infierno fue hacer aquello que nunca hizo en la tierra. Tan pronto se halló en el lugar de tormento, empezó a orar: "Entonces él, dando voces, dijo: Padre Abraham, ten misericordia de mí, y envía a Lázaro para que moje la punta de su dedo en agua, y refresque mi lengua; porque estoy atormentado en esta llama."

¡Qué lección tenemos aquí! Haga Dios que a aquél a quien la envía le sea de provecho. ¿Obedeces al mandamiento: "En todas las cosas con toda deprecación y súplica para hacer que vuestras peticiones sean conocidas de Dios"? ¿Sientes la necesidad, al encontrarte en el mundo sin Dios, de buscarle y hallarle? ¿Sientes *verdaderos* deseos de que esta necesidad espiritual te sea satisfecha? ¿Sabe Dios lo que deseas, porque oye como secreta y constantemente estás orando en tu cámara y pidiéndole que te dé su Espíritu Santo, lo cual es solamente otra forma de decir: dame a TI MISMO? ¿Eres, en una palabra, un hombre de oración? Sabes si se puede decir de ti en el cielo lo que se dijo en testimonio a favor del apóstol Pablo: "He aquí él ora"? Si no es así, puedes estar seguro entonces de que cuando mueras irás al mismo lugar que el Rico, y ten por cosa cierta que la primera cosa que harás allí será suplicar. Aun no había pasado cinco minutos en el infierno cuando el Rico empezó a orar. El Señor lo indica como el primer acto. "Alzó sus ojos, y vio", y en el momento que vio, *entonces él, dando voces, dijo..."*

Este es siempre el caso del hombre que ve el reino de los cielos por primera vez. Ya sea esta primera vez en la tierra o en el infierno no hay diferencia: en el momento en que uno ve el reino de los cielos es un hecho que empieza a orar. La razón es ésta: *descubre una porción que puede satisfacer sus ansias espirituales, y su corazón siente ardiente sed por ella.* Si esto sucede en la tierra, su oración será escuchada, y por amor de Cristo, y a través de Él, su hambre y sed espirituales serán satisfechas; pero si esta oración tiene lugar en el infierno, entonces es demasiado tarde porque la necesidad espiritual del hombre sólo puede ser satisfecha a través de Cristo, y a Cristo no se le puede hallar en el infierno.

Aquel clamor pidiendo agua fue la primera y única oración verdadera que hizo el Rico. Quizá en esta tierra, mañana y noche *"dijera sus oraciones"*, como la gente lo llama; pero en el infierno no dijo meras oraciones, sino que *oró*; las palabras de sus labios expresaron el genuino deseo de su corazón; deseo real y verdaderamente lo que dijo y pidió. De haber orado así en la tierra, Dios le hubiera dado ríos de agua viva, pero nunca lo hizo, y prueba de ello es que en la tierra nunca sintió necesidad de lo que deseó en el infierno. Es posible, repito, que *dijera sus oraciones*, pero en realidad nunca *oró* hasta que alzó sus ojos estando en los tormentos; hasta entonces no había tenido motivo alguno para orar: en la tierra lo tenía todo excepto a Dios, y no sentía necesidad de Él. No puede haber oración sin una verdadera experiencia de necesidad.

Desearía que esta gran distinción entre *decir* las oraciones y *orar* fuera comprendida por las congregaciones y sus ministros, y en el mundo en general por los buenos maestros y demás cristianos. Cuan pequeño es el número de los que realmente oran comparado con el de aquellos que se contentan con lo que llaman *decir sus oraciones*. Muchos de los que han *dicho sus oraciones* desde la temprana infancia, en realidad nunca han orado; muchos se han arrodillado noche y día ante el altar familiar durante años, y domingo tras domingo se han unido al culto de adoración, y, sin embargo, nunca han orado; muchos de los que en público y en privado se han puesto cada día desde su juventud mirando al cielo en actitud reverente, y con sus labios han prorrumpido en palabras de oración, con sus llamadas oraciones, no solamente no han orado, sino que han blasfemado.

¡DECIR MERAS ORACIONES SIN VERDADERO ESPÍRITU DE ORACIÓN ES UNA BLASFEMIA! Dios ha dicho: "No dará por inocente Jehová al que tomare

Su nombre en vano". E incluso creo que, excepto la de aquellos que en el domingo profesan adorar a Dios con sus oraciones en los lugares de culto, no hay mayor transgresión del tercer mandamiento que de la tierra ascienda a los oídos de Dios que aquella que asciende tan a menudo de la intimidad del círculo familiar de oración. Quien puede negar que multitud de personas, que han sido bautizadas en el nombre de Cristo y que pensarían, si dudases de su cristianismo, que tú mismo no eres cristiano, acuden en el día del Señor a sus distintas iglesias por la única razón de la fuerza de la costumbre; acuden, pero no esperan ser mejores y olvidan completamente que si no son mejores deben ser peores. Estas personas han olvidado, y quizá nunca han conocido, que la Escritura dice que si la Palabra de Dios no es a los que la oyen un sabor de vida para vida, es un sabor de muerte para muerte. ¿No es un hecho, sin embargo, que un gran porcentaje de los presuntos adoradores acuden sin la más mínima noción de que lo hacen para oír algo que será para vida o para muerte? ¿O por casualidad se percatan de que cuando oran están hablando a Dios y Dios les oye, y que cuando oyen Su Palabra, leída o predicada, Dios les había realmente y espera de ellos obediencia y cumplimiento? No es más bien cierto que carecen del más elemental sentido de la solemnidad, y así entran en la casa de Dios —casa de oración— y adoptan una actitud orante con un corazón completamente distanciado del genuino espíritu de oración?

Son muchos los que van a la casa de oración sin espíritu de oración; en esta misma actitud se ponen a

orar y sin Espíritu de oración invocan la especial atención de Dios, prescindiendo de que la verdadera actitud
de oración es, en sí misma, una oración, y dicen de viva
voz: "Oh, Dios pon tus ojos sobre mí".

Los ojos de Dios descansan sobre todos aquellos que
se ponen en actitud de oración; desde el momento en que
inclinan su cabeza para *decir sus oraciones* hasta que dejan el lugar de culto, los ojos de Dios no dejan de mirar
a aquellos que profesan ser sus adoradores, y Su oído esta
atento a lo que dicen. ¿Y qué es lo que los ojos de Dios
a menudo ven y lo que sus oídos a menudo oyen? ¡Dios
ve gentes que se entregan a Su culto, no solamente de
una manera descuidada, sino tan absolutamente despro-
vista de temor de Dios que de sus labios brotan un sinfín
de súplicas por cosas que en realidad sus corazones no
sienten necesarias; por cosas que ellos piden, pero que
les gustarla más bien no tener; y por cosas que Dios les
ha ofrecido una y otra vez y que ellos otras tantas han
rechazado! ¿Puede haber mayor blasfemia?

Permíteme decir algo más acerca de esto. Si son pro-
feridas, por ejemplo, sin deseo y sin sentimiento de
necesidad, ¿qué puede ser más blasfemante transgresión
del tercer mandamiento que las oraciones ofrecidas a Dios
rutinariamente por miembros de la Iglesia Anglicana,
cuando usan el ritual en el domingo? Y recuerda que,
si bien he mencionado las oraciones de la Iglesia Anglicana porque recurriendo a ellas puedo brindar un ejemplo
de oraciones rutinarias, las de todas las Iglesias Evangélicas son esencialmente semejantes, ya que expresan los
mismos deseos y profesan buscar las mismas bendiciones

que las peticiones que se elevan en el culto anglicano.
Los servicios anglicanos emplean con una invitación a los
participantes a que se arrodillen y confiesen sus pecados.
Se arrodillen o no, todos adoptan una actitud de oración
y después de haber invocado Su presencia empiezan a
hablar a Dios: "Padre todopoderoso y misericordioso,
hemos errado y nos hemos extraviado de Tus caminos.
Hemos quebrantado Tus santas leyes. No hemos hecho
lo que deberíamos haber hecho, y hemos hecho lo que
no debiéramos haber hecho. No hay salud espiritual en
nosotros. Ten misericordia de nosotros, miserables pecadores. Apiádate de los que confiesan sus faltas. Restaura
Tú a aquellos que son penitentes".

Esto es parte de la Confesión. Viendo lo que vemos y conociendo lo que conocemos, ¿podemos creer,
haciendo un gran esfuerzo de caridad, que la generalidad de los participantes experimenten la realidad de
lo que profieren sus labios: que son miserables pecadores, que necesitan ser perdonados, ser restaurados y
que en verdad son penitentes? Pero lo sientan o no,
siguen orando: "Concédenos, Padre misericordioso, por
amor de Cristo, que de ahora en adelante vivamos
píamente, justamente, sobriamente, para la gloria de
Tu santo nombre".

Ahora quisiera preguntar a cualquier persona que esté
dispuesta a poner un ápice de atención a este asunto si
alguien, sin sentir contricción alguna por sus pecados
pasados y sin propósito alguno de vivir en adelante pía,
recta, y sobriamente la vida para la gloria de Dios, puede
cometer mayor y más terrible acto de blasfemia que

clamar a Dios para que le escuche pronunciando las palabras de esta confesión y oración.

Entonces sigue el Padrenuestro. "Santificado sea Tu nombre. Venga Tu reino. Hágase Tu voluntad, como en el cielo, así también en la tierra." Estas peticiones son volcadas a los oídos de Dios por cada boca en la congregación. Sin embargo, ¿cuántos desean en su vida diaria que el nombre de Dios sea glorificado? ¿Cuántos verdaderamente le darían la bienvenida, si en respuesta a su oración, el reino de Cristo viniera realmente? ¿Cuántos permanecerían para reinar y vivir con Él si solamente fueran dejados aquellos que con corazón y labios de verdad pidieron: "Hágase Tu voluntad, como en el cielo, así también en la tierra"? Todas estas cosas serán: el nombre de Dios será santificado, Su reino vendrá y Su voluntad será hecha como en el cielo, así también en la tierra; pero cuando esto sea así, muchas de las personas que han aparentado orar por ellas empezarán a implorar que las rocas les sepulten y las montañas les cubran; y al fin, como hizo el Rico, suplicarán para que una gota de agua refresque su lengua.

Podría continuar y hablar de todo el culto de la Iglesia Anglicana, como también podría hacerlo de las peticiones *ex tempore* de todas las congregaciones Evangélicas, pero no me extendere más: he dicho suficiente, espero, para *hacer pensar al lector*. Mi deseo es que todos recuerden que cuando una persona se pone en actitud de oración, inmediatamente y por el propio acto en sí, atrae la atención especial de Dios. Entonces su postura es verdaderamente solemne y deberá mostrar gran cuidado en lo que dice y especialmente deberá ser así en no burlarse de Dios aparentando pedirle algo que Dios sabe que no lo desea. Proferir una sucesión de peticiones en las que el corazón no está interesado es, repito, blasfemia y no oración; y los que se hacen culpables de tal pecado dan culto al diablo y al mismo tiempo provocan y deshonran a Dios.

CAPÍTULO V

EL RICO ORA

La oración del Rico: "Padre Abraham, ten misericordia de mí, y envía a Lázaro para que moje la punta de su dedo en agua, y refresque mi lengua", no era de la clase que hemos hablado en el capítulo anterior. La oración del Rico era fervorosa; sentía la necesidad de lo que pedía y deseaba obtenerlo. ¡Oh, cuán ansiosamente lo deseaba! Nunca en su vida Había deseado algo con tanta ansiedad. Quizás al levantar sus ojos no cegados ya por el velo de la carne vio el río puro de agua de vida, resplandeciente como cristal, que sale del trono de Dios y del Cordero, aquella agua de vida que Cristo dio a la mujer samaritana y a tantos otros cuando estaba en la tierra, agua que apaga para siempre la sed del hombre que bebe de ella. Creo que lo vio pues, aunque este río no puede descender hasta el infierno, se daría cuenta de que, a través del Cordero, este río que brotaba de Su trono discurría también sobre la tierra, y no solo esto, sino que verdaderamente fluyó para él mismo durante todo el tiempo que vivió sobre ella. Aunque nunca hizo caso de esto, ahora conocía que día tras día, mes tras mes y año tras año aquel río de pura agua de vida Había estado a su alcance. Entonces recordaría también, que más de una vez le había llamado una voz diciendo: "A todos los

sedientos: venid a las aguas". "El que quiera venga y
tome del agua de vida libremente." Pero no prestó atención a este llamamiento a su debido tiempo; el agua de
vida estaba fluyendo ante él, pero teniendo púrpura y lino
fino, vida suntuosa, y estando rodeado de ricas viandas
y del lujo terrenal, ¿qué necesidad tenía entonces del
agua de vida? Nunca creyó que podía venir el día cuando
por un poco de esa agua hubiese dado un millón de
veces más de lo que nunca poseyó. Pero aquel día había llegado y ahora había de creerlo, es más, sabía que
era así. ¡Oh, cómo se incrementó su tormento al recordar
que hubo un tiempo cuando solamente tema que incli-
narse y beber! Sin dinero y sin precio hubiera podido
beber abundantemente de aquella agua, y de haber bebido nunca hubiera muerto. El Espíritu de vida estaba
en las aguas, y su muerto temporal sólo hubiera sido el
simple paso a la vida eterna. Pero perdió la oportunidad que tuvo y ahora debía soportar eternamente su
agonía "en la cisterna en que no hay agua" (*Zacarías
9:11*).

¡Oh, hermano! Si no lo has hecho antes, bebe ahora de esa agua. Te lo diré con otras palabras: te insto
para que no descanses hasta que seas saciado y encuentres
a Dios. Por naturaleza no tienes a Dios en ti mismo, y
añadir que puedes ser bautizado y participar de la cena
del Señor regularmente durante años y estar todavía sin
Dios. No abrigues duda alguna acerca de lo que a ti se
refiere, porque todo aquel que no tiene a Dios no es
salvo.

Con qué celo y autoridad el apóstol Pablo predica esta

doctrina a los corintios y les exhorta a que se examinen a sí mismos para ver si tienen a Dios. "Examinaos a vosotros mismos —dice— si estáis en la fe; probaos a vosotros mismos. ¿O no os conocéis a vosotros mismos, que Jesucristo está en vosotros, a menos que estéis reprobados?" (*II Corintios 13:5*). Ahora bien, el significado de la Escritura es solemne, claro y fácil de comprender; no hay posibilidad de error: coloca al mundo en dos posiciones, y de esta manera traza una línea de demarcación ante los pies de cada uno. En ella el Espíritu Santo nos muestra que hay solamente dos clases de personas: las que están en Cristo y las que son reprobadas. Ésta no es la enseñanza del diablo porque ofende a los que son de él, y por esta causa trata de establecer, al menos, otra clase más: la de aquellos que no poseen evidencia alguna para pensar que tienen a Cristo y, sin embargo, no encuentran ninguna razón para considerarse a sí mismos como reprobados.

Y en esta tercera clase, tan contraria a las Escrituras, Satán ha hundido a multitudes. En las grandes masas que profesan ser cristianas no hay asesinos, ni adúlteros, ni bebedores ni personas que no guardan el domingo; exteriormente no son gente profana ni inmoral, antes al contrario, la mayor parte de ellos trabajan reposadamente para obtener su propio medio de vida, y cumplen respetuosamente su deber de hombre entre hombres en la posición en que Dios les ha situado. Pero también multitudes de estos hombres saben que no tienen a Cristo, y lo reconocerían si se lo preguntáseis, pero sin embargo *negarían que están reprobados*, esto es, aptos sólamente para ser desechados, ya que éste es el significado de la Palabra de Dios. Y si Dios nos dice: "¿O no os conocéis a vosotros mismos, que Jesucristo está en vosotros, a menos que estéis reprobados?", ¿quién es, entonces, el enseñador que dice que aunque una persona diste mucho de tener a Cristo, en realidad no será un reprobado? Es Satanás, querido lector, es Satanás, y aunque el hombre pueda ser tan afectuoso, moral y amable como la naturaleza pueda hacerle, si no tiene a Dios, o como el Apóstol dice, "si Cristo no está en él", pertenece a esta clase creada por Satanás, y como la plata reprobada es rechazada por el refinador, si el hombre muere en estas circunstancias, será rechazado por Dios. Creo que tienen más probabilidades de conversión seres de la clase de los publicanos y los pródigos, que los de una clase que, al mismo tiempo que se define no tan buena como pudiera ser cifra sus esperanzas de hallar misericordia en no haber sido tan malos como hubieran podido ser; una clase de la que ningún miembro se atrevería a decir que tiene a Dios y que, sin embargo, osaría decir que no es lo bastante malo para ser lanzado al infierno.

Aquel, pues, que no está dispuesto en forma alguna a negar que la Biblia es la Palabra de Dios debe reconocer esta afirmación: *"Cristo está en vosotros, a menos que estéis reprobados"*, la cual cierra toda puerta de esperanza para aquél que no tiene a Dios. "El que no tiene al Hijo no tiene la vida" antes "la ira de Dios está sobre él".

Una vez más te exhorto a examinarte a ti mismo para

ver si tienes a Dios. La eternidad está ante ti; sabes que tarde o temprano deberás entrar en ella, y puede ser así de un momento a otro. Si crees que puedes correr el riesgo de ser llamado a la eternidad sin tener ninguna razón bíblica para creer que has buscado y encontrado a Dios, ¡cuán grande es el poder de Satanás sobre ti! *Contentarse en vivir sin Dios* fue el pecado del Rico. Él escogió el mundo y las cosas del mundo por su posición en la tierra, y si así lo quieres, puedes hacer exactamente lo mismo; pero ¿de qué te valdrá? ¿De qué le valió a él? Por ese pecado lleva casi veinte siglos con sus ojos levantados en medio de los tormentos orando en vano por agua que refresque su lengua. Por ese pecado, entre una multitud de otras agonías, sufre su irrevocable condenación a sentir ser; sed por lo que Dios le ofreció una vez, e incluso le rogó que lo aceptara; sed por lo que ahora debe rogar en medio de incesantes tormentos, y rogar en vano para siempre.

¿Rehusarás, entonces, examinarte a ti mismo? La Palabra de Dios manifiesta que la porción del Rico está preparada para todo aquel que vive sin Cristo y muere reprobado; siendo esto así, rehusarás examinarte a ti mismo para ver si en verdad tienes a Dios?

Pero quizá sin necesidad de previo examen ya conozcas que no tienes a Dios. Si es así, es debido a la misericordia de Dios que estés leyendo en este libro lo que en realidad eres; y eres exactamente de la clase de persona en cuyas manos he deseado que cayera mi libro. No tienes a Dios, lo reconoces, *¡y estás satisfecho!* Contentado con las buenas cosas de esta vida, o en busca de ellas, aunque estás sin Dios. ¿Quién es el que te da poder para contentarte a vivir sin Dios? ¡Piensa! Sabes que tu contentamiento no es la paz de Dios; entonces ¿qué contentamiento es éste? ¿De quién será esta paz? Otra vez te digo: ¡Piensa! ¡Es un poder terrible el de ser capaz de estar satisfecho con la satisfacción que da el diablo, y estar satisfecho sin Dios! Puedes, si es que te das cuenta de que estás sin Dios, continuar en este estado de satisfacción? ¿Qué estas obteniendo a cambio de Dios? Sea lo que fuere sin duda te complace; pero, ¿qué podrá hacer todo esto por ti en la hora de la necesidad de tu alma? Esta hora quizá te parezca muy lejana, pero puede venir más pronto de lo que esperas. En todo caso *está* viniendo. Esaú vendió los derechos de su primogenitura por un plato de lentejas y crees que fue un loco al hacerlo; sin embargo, ¿no eres tu culpable de mayor locura si vendes tu alma por los placeres del pecado, y tomas lo que el diablo y el mundo pueden darte a cambio de Dios?

Siento verdadera inquietud de espíritu al escribir esta parte del tema. Quiera Dios el Espíritu Santo, por amor de Cristo, bendecir a todo aquel que lee esto. Hubo un tiempo en que yo estaba satisfecho en mí mismo sin Dios. La idea que tenía de la felicidad consistía en gastar todo el tiempo agradable y placenteramente. Era un día muy grato para mí aquel en que diversión tras diversión impedía que el tiempo se hiciera interminable. Repentinamente, en estos días de satisfacción y en medio de un completo olvido de Dios, caí enfermo, tan enfermo que creí que iba a morir. Entonces aprendí algo de lo

que es estar sin Dios. ¿Dónde estaba entonces mi satisfacción? ¿Qué me podían hacer aquellas cosas que en otro
tiempo fueron mi gozo y mi paz? ¿Qué me importaba
todo el mundo si me hubiera sido ofrecido? Ya no lo deseaba; lo que quería era a *Dios*. ¡Oh, cuán gustosamente
hubiera sufrido la pérdida de todas las cosas! Entonces,
como dice el Apóstol, lo hubiera contado todo por "es-
tiércol" para ganar a Cristo. Mi vida misma la hubiese
considerado como nada y la hubiera dado gustosamente
para tener a Dios. Estaba sin Dios, y lo sentía, y todas
las cosas excepto Él carecían de valor. Por siete meses
busqué a Dios y no pude encontrarle. Mi ser no podía
permanecer más así y mis amigos empezaron a dudar de
mi razón. Pero la necesidad extrema del hombre es la
oportunidad de Dios, y al fin tuve la justificación y
apoyo de las Escrituras para creer que Él nunca hubiese sido hallado por mí, si yo no hubiese sido hallado primeramente por Él, y de que por amor de Cristo Él había
perdonado mis pecados, me había dado Su Espíritu, y yo
había llegado a Dios. Puedes creerme cuando te digo que
todo cuanto he conocido o imaginado de la agonía, nunca
ha superado a la agonía espiritual de aquellos siete meses
en los cuales vi y sentí que estaba sin Dios. Imagínate
los sufrimientos de aquellos que están sin Dios, y lo
sienten y experimentan durante toda la eternidad.

Ahora bien, lo que me sucedió a mí puede ocurrirte
a ti: puedes caer enfermo; y lo que me sucedió a mí
puede *no* ocurrirte a ti: puedes enfermar y *no* sentir
necesidad de Dios. Mucho antes de morir puede ser que
hayas rechazado a Dios una o muchas veces, y Dios puede

haber jurado en Su furor que no entrarás en Su reposo. En tal caso es posible que estando en trance de morir no sientas temor. Tal vez des indicaciones sobre tu funeral y te despidas de tu familia con serenidad, muriendo reposadamente y en aparente paz. Quizá nunca experimentes necesidad de Dios hasta que estés en el infierno; de ser esto así, mejor te hubiera sido no haber nacido. "¿Quién de nosotros morará con el fuego consumidor? ¿Quién de nosotros habitará con las llamas eternas? (Isaías 33:14). Ésta es la pregunta que Dios hace por boca del profeta; el fuego consumidor y eterno es la porción de aquellos que mueren sin Cristo. Estar sin Dios es muerte; estar sin Dios y darse cuenta de ello es fuego consumidor, y será fuego eterno a menos que sea apagado en las aguas de vida. Esta muerte no puede experimentarla el hombre de manera natural, por el simple hecho de que *está muerto*; y ha de ser vivificado espiritualmente para poder experimentar las cosas espirituales. Pero tarde o temprano todo hombre será resucitado espiritualmente: Dios ha determinado que todo hombre, más pronto o más tarde, experimente esta muerte. Yo creo que esta muerte es la que sentía el Rico cuando clamaba por agua. Yo creo que esta muerte es la que sufrió nuestro glorioso Salvador cuando fue desamparado por el Padre y clamó: "Dios mío, Dios mío, por qué me has desamparado?", ya que en aquel instante Él estuvo sin Dios en el mundo y lo experimentó así. Yo creo que esta muerte es la que todo pecador que ha sido vivificado espiritualmente experimenta al clamar por perdón y por el Espíritu Santo antes de creer en Jesús. *Al creer su sed es saciada y llega a Dios.* Desde aquel momento Dios es en él "una fuente de agua que salta para vida eterna".

Que nadie diga que no sabe si tiene a Dios o no. Todos pueden responder a esta pregunta por sí mismos tan solo con emprender la tarea de leer la Biblia buscando la dirección del Espíritu Santo por medio de la oración. Si alguien no se siente lo suficiente ansioso en cuanto a leer la Biblia y orar por la dirección del Espíritu Santo, puede estar perfectamente cierto de que no ha encontrado a Dios.

La Biblia dice: "Si alguien está en Cristo, nueva criatura es. Las cosas viejas pasaron, he aquí todas son hechas nuevas". Si como resultado de un examen de tu alma tienes motivo para creer que tus pensamientos, deseos, gustos, objetivos y hábitos han sufrido una transformación, de manera que todos tus afectos están puestos en las cosas de arriba y no en las cosas de esta tierra, entonces tienes fundamento bíblico para considerarte una nueva criatura. Si no es así, ¿qué garantía posees para creer que tienes a Dios en tu corazón?

La Biblia dice: "Los que están en Cristo han crucificado la carne con sus afectos y codicias". No quiero decir con ello que para saber si tienes a Dios tengas que mirar si hay en ti anhelos o aficiones pecaminosas. Los deseos de la carne, los deseos de los ojos y la vanagloria de la vida permanecerán, y ellos mismos se hacen sentir en los hombres más santificados hasta que su lucha concluye y la muerte es sorbida con victoria. ¿Luchas contra los deseos de la carne? Examínate a ti mismo, porque de esto depende la evidencia de si tienes o no a Dios. Si no estas crucificando la carne con sus afectos y deseos, ¿qué garantía posees para creer que tienes a Dios en tu corazón?

La Biblia dice: "Nosotros —es decir, los cristianos— pensamos esto: que si uno murió por todos, luego todos murieron; y por todos murió, para que los que viven, ya no vivan para sí, sino para Aquel que murió y resucito por ellos" (*II Corintios 5:14-15*). Dice, pues, San Pablo, refiriéndose a todos los cristianos, que éstos ya no deben vivir para sí mismos, sino para Aquel que murió por ellos, y no requiere mucha introspección cerciorarnos de si éste es o no nuestro pensamiento. Tu vida, tu conducta diaria es la respuesta para ti y los demás. Tú puedes llamarte a ti mismo cristiano. Si alguien dudara de tu cristianismo llegarías a pensar que esa persona tiene poca caridad, pero ¿vives para ti mismo, o para Aquél que dices ha muerto y resucitado por ti? Si vives simplemente para ti; si tus pensamientos, palabras y obras no buscan primeramente la gloria de Cristo, sino tu bienestar en el mundo, ¿qué garantía posees para creer que tienes a Dios en tu corazón?

Para ser breve: ¿tienes el Espíritu de Cristo? El Espíritu de Cristo le llevó en esta tierra a confiar en el Señor, haciendo bien por doquiera que iba. ¿Tienes tu este Espíritu? ¿Tienes el Espíritu de Cristo? Si no posees el Espíritu de Cristo puedes estar muy cierto de que no tienes a Dios. Por otra parte, si las tendencias propias del viejo hombre han sido tan superadas que los afectos y deseos de tu corazón tienden más hacia las cosas

celestiales que hacia las materiales; si estás crucificando
la carne y viviendo habitualmente, no para ti mismo, sino
para Aquél que murió por los pecadores, entonces éstas
haciendo lo que ningún hombre jamás hizo ni puede
hacer por naturaleza. Tus ideas, sentimientos, dudas,
pensamientos y temores pueden ser los que sean, pero
puedes estar seguro (y deshonras al Señor si no lo estás, de que quien ha hecho estas mismas cosas es Dios,
el cual ha puesto en ti las arras de Su Espíritu. El tem-
ple y la disposición de tu mente no son los que eran
por naturaleza. Es verdad que la carne todavía codicia
contra el Espíritu, pero esto es motivo de tristeza para
ti, por cuanto has venido a ser una criatura que se ocupa
de las *cosas celestiales*. Aunque con Pablo clames: "¡Miserable de mí!" también puedes decir con él: "Porque
según el hombre interior, me deleito en la ley de Dios";
"Con la mente sirvo a la ley de Dios". Aliéntate, querido hermano; continúa en tu lucha y no temas. El
Espíritu que está en ti es el Espíritu de Dios que da
testimonio a tu Espíritu de que tienes a Dios.

CAPÍTULO VI

DIOS, EL ÚNICO QUE OYE LA ORACIÓN

"Padre Abraham, envía a Lázaro para que moje la punta de su dedo en agua, y refresque mi lengua." Tal fue la ferviente, ansiosa e intensa oración del pobre Rico; pero esta súplica fervorosa, salida del fondo de su corazón, ya no podía serle de provecho. Oró demasiado tarde.

Había también otra razón por la que, aunque no hubiese sido demasiado tarde, la oración del Rico nunca hubiera sido contestada. Esta oración tampoco le hubiera sido de provecho aunque, en lugar de elevarla desde él infierno, la hubiera elevado desde la tierra porque no solamente fue dicha demasiado tarde, sino que, además, estaba dirigida a una persona que carecía de poder para contestarla. El Rico estaba necesitado, y su necesidad era aquella que Dios, no solo promete suplir, sino que se deleita en hacerlo si la oración viene de aquellos que todavía están en la tierra. Las Escrituras abundan en invitaciones hechas a los pobres necesitados de agua. A ellos "el Espíritu y la Esposa dicen: Venid, y a ellos van dirigidas estas palabras: "El que quiera venga y tome del agua de vida gratuitamente". Mas el mismo Dios que ofrece las más grandes invitaciones de Su Gracia a toda persona sin excepción, le dice también a QUIEN debe

ir por agua. No a los santos, ni a los ángeles, ni a los
espíritus de los justos que han sido hechos perfectos, sino
al Señor Jesucristo; a Aquél a quien la samaritana, bajo
la enseñanza del Espíritu Santo, pidió agua; a Aquél que
en medio del templo clamo: "El que tenga sed, venga
a MÍ y beba"; a Aquél que dijo: "Mas el que bebiere
del agua que yo le daré, no tendrá sed jamás; sino que
el agua que yo le daré será en él una fuente de agua
que salte para vida eterna". El Rico se dirigió a Abraham
y le pidió agua; pero Abraham estaba imposibilitado para
dársela tanto al pedírsela desde el infierno como si se la
hubiera pedido estando aun en la tierra.

Esta oración elevada a Abraham es el único ejemplo
de oración dirigida a un santo que encontramos en las
Escrituras, y aunque no llevó fruto en el cielo, al igual
que otros muchos de los productos del infierno llevó
mucho fruto en la tierra. Las oraciones a los santos se
han hecho comunes en nuestro tiempo, y el Rico tiene
muchos discípulos. Pero dado que Dios se ha declarado
a SÍ MISMO el único que oye y contesta las oraciones
precisamente a través de Su Hijo Jesucristo, por el cual
aun el peor de los pecadores puede ir directamente a Él,
juzga ahora de qué manera estas oraciones deben agra-
viar e insultar a Dios.

Cuando el hombre pecó y Dios, en consecuencia, le
dejó, no había ningún camino que permaneciera abierto por el cual Dios y el hombre pudieran encontrarse de
nuevo. El pecado del hombre había hecho separación, y
aparentemente para siempre, entre Dios y el hombre.
Ninguna inteligencia creada, ya sea en el cielo o en el

infierno, hubiese podido imaginar un camino por el cual fuera posible para ambos unirse de nuevo en paz. Se abría un gran abismo entre ellos, y para toda sabiduría finita era tan infranqueable como lo es ahora la gran sima establecida entre el cielo y el infierno. Si las cosas hubieran permanecido como quedaron cuando el hombre pecó, no hubiese habido posibilidad para el arrepentimiento; y aun suponiendo que el hombre sintiera dolor por su pecado, o deseo de perdón, nunca la aflicción ni el deseo le hubiesen hecho conocer a Dios, ya que el hombre no podía alcanzar a Dios ni siquiera manifestándole su contricción. El camino hacia Dios, o como lo describe la Escritura, *el camino al lugar santísimo* fue impedido por el pecado del hombre, y por más que pueda haberlo deseado, no ha habido camino por el que el hombre pudiera alcanzar a Dios.

Yo creo que es refiriéndose a este hecho que el Espíritu Santo usa la maravillosa lengua de Isaías en el capítulo 59, verso 16, de su libro: "Y lo vio EL SEÑOR, y desagradó a sus ojos, porque pereció el derecho. Y vio que no había hombre y se maravilló que no hubiera quien se interpusiese; y lo salvó su brazo, y le afirmó su misma justicia". A Dios pertenecía la misericordia y el perdón, aunque nosotros nos habíamos rebelado contra Él, y Él no quería que nadie pereciera. ¿Pero cómo podía abrirse un camino por el que el hombre pudiera presentar sus oraciones a Dios y Él contestarlas? El propio brazo de Dios trajo salvación al hombre. Antes que dejarle sin intercesor o sin lugar donde él y el hombre pudieran encontrarse, Dios de tal manera amó al mundo que dio a Su unigénito Hijo para que tomase sobre Sí nuestra naturaleza. Dios ha sido manifestado en carne y como hombre sufrió la muerte que el pecado había reportado al hombre; no meramente la muerte del cuerpo sino la muerte del alma, porque Su alma fue hecha ofrenda por el pecado; no solamente la muerte del cuerpo sino el abandono de Dios. De la misma manera que Dios dejó a Adam por el pecado, así dejó a Cristo. Pero en el momento en que Cristo estuvo sin Dios lo sintió, e inmediatamente, como he dicho antes, de lo íntimo de Su ser brotó el clamor: "Tengo sed" Ya sé que se nos dice que este clamor de Cristo fue proferido "para que se cumpliesen las Escrituras". ¿Pero supone alguien que esta sed era simplemente la necesidad física que conocemos por ese nombre? ¡Oh, no! La enorme sed del Salvador era sed de Dios. Estar sin Dios es la penalidad del pecado; pero cuando nosotros estamos sin Él, el que sintamos y experimentemos sed por Él es obra del Espíritu Santo. Nunca el grito: "Tengo sed" sube de la tierra a Dios, o en otras palabras, nunca hombre alguno en esta tierra ha experimentado esta necesidad de Dios, sin que después de haber clamado por Él no haya obtenido a Dios. Cristo fue a la cruz cargado con los pecados —pecados en verdad no suyos, sino de Su pueblo; aun más, por estos pecados el que no conoció pecado fue hecho pecado por Dios mismo. Dios vio todo el pecado sobre Cristo, cargó en Él todo su castigo, y le desamparó.

El grito agonizante que brotó de los labios de Cristo: "Dios mío, Dios mío, ¿por qué me has desamparado?"

revela cómo en el mismo momento de su abandono por
parte de Dios "le rodearon ligaduras de muerte, ligaduras
del infierno le rodearon" (*Salmo 18: 4 y 5*). El Hombre
Cristo Jesús estaba sin Dios. Aquél que siempre había
estado con Él, ahora le había dejado; y como el ciervo
brama por las corrientes de las aguas, así tenía sed Su
alma del Dios vivo. Deseó como todo hombre que está
sin Dios y se da cuenta, buscar a Dios hasta que lo
encontró y le volvió otra vez junto a Sí. ¿Y qué hizo
para conseguirlo? ¿Clamó acaso a Abraham para que
intercediera por él, o a Moisés, que tantas veces había
intercedido por Israel? ¿Pidió a Daniel, un hombre tan
amado de Dios, que fuera y le suplicara que volviese a
Él? ¡No! Si lo hubiera hecho, Abraham, Moisés y Daniel no habrían sabido nada de la oración dirigida a ellos
porque los santos de Dios no son omnipresentes ni
omniscientes, y si lo fueran, sus santos espíritus serían
afligidos si un hombre se dirigiese a ellos cuando sólo
debe dirigirse a Dios.

Pero el Hombre Cristo Jesús en Su hora de necesidad no oró a intercesor ni a abogado. Fue abandonado
por Dios por causa del pecado que vio en Él y en el
momento en que fue desamparado lo sintió, y experimentó sed de Dios. Pero en el mismo momento de Su necesidad, de Su cabeza, manos y pies empezó a fluir
SANGRE; era la SANGRE sin la cual no puede haber
remisión de pecados; pero además era la SANGRE de la
que las Escrituras declaran que limpia TODO pecado.
Cuando Dios vio aquella sangre no vio ya pecado sobre
Cristo porque esa sangre había hecho un completo y

suficiente sacrificio, satisfacción y oblación; el pecado desapareció de Él, lo lavó completamente con Su propia sangre.

En la hora extrema de Su necesidad, el Hombre Cristo no buscó ni mediador ni abogado para con Dios, ya que, ciertamente, Él que por nosotros fue hecho pecado, y por el pecado abandonado de Dios, buscó y encontró un camino hacia Dios, y pudo conseguir de nuevo a Dios para Sí. ¿Cómo logró hacer esto? El Espíritu Santo, por boca de Pablo, responde a esta pregunta: "Por Su propia sangre". "POR SU PROPIA SANGRE, ENTRÓ UNA VEZ PARA SIEMPRE EN EL LUGAR SANTÍSIMO" *(Hebreos 9. 12).*

¡Gloria a Dios en las alturas y en la tierra paz, buena voluntad para con los hombres! En Cristo vemos como Dios el Padre trazó Su plan, el cual, por el Espíritu de Dios, Dios el Hijos llevó a cabo; mediante el cual el hombre cargado de pecado puede librarse del mismo, encontrar un camino de entrada a la misma presencia de aquel Dios que le había dejado a causa del pecado, y persuadirle a volver a él

Cuando la sangre de Cristo se derramó por los pecadores el velo del templo se rasgó en dos; y ahora dice el Espíritu en otro lugar, nosotros tenemos "libertad para entrar en el Lugar Santísimo POR LA SANGRE DE JESUCRISTO" *(Hebreos 10:19).* Cuando este "camino" fue abierto, la obra de Cristo quedó consumada en la tierra; y cuando Su obra estuvo acabada Su pueblo fue perfecto en Él. Había terminado la obra que el Padre le había dado que hiciese, y al clamar: "¡Consumado es!" inclinó Su cabeza y entregó el Espíritu.

Fue puesto en el sepulcro; resucitó al tercer día; y a su debido tiempo ascendió a donde antes estaba. Las puertas eternas fueron abiertas porque el Rey de gloria debía entrar, y ¿cuáles fueron las primeras palabras dirigidas a Cristo por Dios el Padre? *Siéntate a Mi diestra*. "Siéntate a Mi diestra, hasta que ponga a tus enemigos por estrado de Tus pies" (*Salmo 110:1*); pero también siéntate a Mi diestra como "Aquél que ha de ocupar Mi diestra"; "el Hombre que es mi Compañero"; el Hijo del Hombre que es a la vez el Hijo de Dios; el Abogado ante el Padre; el único Mediador entre Dios y el hombre. ¡Oh, cómo ardía el corazón de Pablo con gozo y fe santa al contemplar su aceptación delante de Dios a través de la obra completa y la intercesión de este Mediador! "Dios es el que justifica —exclama— ¿Quién es el que condenará? Cristo es el que murió; más aun, el que también resucitó, el que además está a la diestra de Dios, el que también intercede por nosotros" (*Romanos 8:33 y 34*).

Cristo está a la diestra de Dios. Subió a lo alto, cautivó la cautividad, tomó dones para los hombres, y también para los rebeldes para que habite entre ellos Dios (*Salmo 68:18*). Está a la diestra de Dios "habiendo recibido del Padre la promesa del Espíritu Santo" (*Hechos 2:33*). En virtud de la exaltación al trono Mediador, Dios Hijo ha recibido de Dios Padre el don de Dios el Espíritu; y este don "lo tomó para los hombres, y también para los rebeldes". El que está sin Dios y lo experimenta en la tierra, puede ir ahora al gran Dios y Salvador nuestro Jesucristo para que sea suplida su necesidad en Él; pero el gran Dios y Salvador Jesucristo volvió a traer a Dios al hombre y abrió este camino por el cual el hombre puede ir a Dios, al precio de Su propia sangre (*Hechos 20:28*).

Piensa entonces, cuán insultante ha de ser tanto para el Padre como para el Hijo, y cuan ultrajante para el Espíritu Santo, el que los hombres busquen otros mediadores y supliquen a otros abogados o intercesores después de que Cristo sufriera la cruz y pasión, la muerte y sepultura, y después de Su gloriosa resurrección y ascensión al trono Mediador comprado a tal precio. "Yo soy el camino, la verdad y la vida", dijo Jesús. "Nadie viene al Padre sino por Mí"

Sin embargo algunos dirán: Nosotros no vamos al *Padre* a través de otros abogados y mediadores, sino al *Hijo*; y pedimos a santos tales como Santiago y Pedro, el discípulo amado, o la bendita Virgen madre que intercedan por nosotros ante Él. Primeramente les preguntaría a los tales: ¿Creéis que alguien puede hacer que Cristo esté más dispuesto para recibir y salvar a los pecadores de lo que en realidad está? ¿No ha obtenido tal poder con Su propia sangre? Y además de esto yo te diría que Cristo y Su Padre son Uno y que *el único camino al Padre es el único camino al Hijo*. A no ser por la sangre de Cristo nadie puede acercarse al Padre, como tampoco al Hijo.

"El cual, habiéndole sido propuesto gozo —dice San Pablo de Cristo— sufrió la cruz menospreciando la vergüenza"; y parte del gozo que se le propuso fue que, como único Abogado entre Dios y los hombres, pudiera también salvar perpetuamente a los que por Él se acercan a Dios, viviendo siempre para interceder por ellos *(Hebreos 7:25)*. Privarle de este gozo fue el principal objetivo de Satanás durante la vida de Cristo en la tierra y su propósito es aun impedírselo tanto como pueda; de ahí que introduzca otros caminos hacia Dios, otros abogados y mediadores. Te recuerdo de nuevo que la oración del Rico es el único ejemplo que hallamos en las Escrituras de oración hecha a un santo. No olvides nunca donde tuvo su origen. Las oraciones a los santos tienen origen en el diablo y sus ángeles; fue la primera que elevó en su agonía un alma perdida, y procedía directamente del infierno.

CAPÍTULO VII

UNA ORACIÓN ARDIENTE, DE CORAZÓN, PERO HECHA DEMASIADO TARDE

La oración del Rico, no solamente estaba dirigida a una persona incapaz de contestarla, sino que era, además, demasiado tardía. Dirigida a Abraham o a cualquier otra persona, y no a Dios mismo a través de Cristo, de ningún provecho podía serle. Hubo un día cuando el camino por el cual el Hombre Cristo Jesús fue a Dios estuvo abierto para el Rico; y si él, en aquel día, por la sangre de Cristo, hubiera ido en Su nombre e implorado la misericordia de Dios, Él hubiese escuchado su oración. Si hubiera sentido su necesidad en la tierra como la sintió en el infierno, y clamado a Dios desde esta tierra como clamó a Abraham desde el infierno, Dios le hubiese dado a Jesucristo y Cristo le hubiera dado a Dios.

¡Oh, cuán ansiosas, largas, sinceras y fervientes son las súplicas que se elevan desde el infierno! ¡Con qué clamor y lágrimas, y con qué agonía del alma son pronunciadas! ¡Cuán verdaderamente los labios que las pronuncian expresan su necesidad y cuán ansiosos están de ver sus oraciones contestadas! Sin embargo, nunca serán contestadas. Tanto las oraciones como el sentimiento de necesidad que las acompaña son inútiles: *es demasiado tarde*.

El pensamiento de llegar a pronunciar una oración tardía es terrible; y bendito sea para siempre nuestro misericordioso Dios que ha limitado cosa tan terrible al infierno. Las Escrituras dan testimonio de esta verdad: estando en el infierno no hay esperanza alguna; estando en la tierra no hay lugar para la desesperación. En la tierra o en el infierno la necesidad del perdido es la misma. Esta necesidad la ha tipificado Dios en la Escritura como una necesidad de "agua". No puede haber esperanza en el infierno puesto que en él no hay agua (*Zacarías 9:11*); pero a toda alma que experimenta sed en la tierra dice el Señor: "Los afligidos y menesterosos buscan las aguas, y no las hay; seca está de sed su lengua; yo Jehová los oiré, yo el Dios de Israel no los desampararé. En las alturas abriré ríos, y fuentes en medio de los valles; abriré en el desierto estanques de aguas, y manantiales de agua en la tierra seca" (*Isaías 41:17 y 18*). Nos dice San Juan que cuando Jesús habló del agua de vida, mientras enseñaba en el Templo, se refería al Espíritu Santo; y la promesa de Dios en el Antiguo Testamento de dar agua a los sedientos es la misma que Cristo hace en la nueva dispensación del Evangelio: la de que Su Padre Celestial daría Su Espíritu Santo a todo aquel que lo pidiera. En el instante en que, en la tierra, un hombre pide, su necesidad es suplida completamente porque Dios no puede negarse a Sí Mismo; y el que realmente pide, recibe; y el que recibe al Espíritu Santo recibe al Padre, al Hijo y al Espíritu Santo —su cuerpo se convierte en templo del Dios vivo— es nacido del Espíritu y llega a tener a Dios.

Todo esto es necesario para la salvación, y todo esto puede tener lugar en un pecador en la tierra; pero en el infierno no es posible que suceda.

Querido lector, seas quien seas, si todavía no te has arrepentido, creído el Evangelio y recibido el Espíritu Santo, te ruego por una parte que no desesperes, y por otra que no trates de jugar con Dios; AHORA es el tiempo aceptable, HOY es el día de salivación. En el nombre del Señor Jesucristo yo te ofrezco AHORA agua; agua que Cristo llamó "agua de vida"; agua al recibir la cual recibes a Dios, porque el don de esta agua es "el don de Dios"; agua que será en él una fuente de agua que saltará para vida eterna y por la que si bebes de ella, vivirás para siempre; agua que mana de la ROCA que fue herida, y "esa ROCA era Cristo".

¿Qué dirás a esto? ¿Aceptarás esta agua ahora? Recuerda que tu necesidad es la misma que la del Rico. Si alguien pudiera ofrecerle agua ahora, crees tú que habría algo que impidiera que él la aceptase? Y te pregunto: ¿Qué es lo que impide que la aceptes? Esto: Tú no sientes la necesidad que siente el Rico. Hubo un tiempo en que él era como tú. Hubo un tiempo en que la exhortación de prepararse para ir al encuentro de su Dios y huir de la ira que vendía cayó tan inútilmente en sus oídos como quizá ahora en los tuyos, y esto era así porque no conocía a Dios y tampoco entendía ni creía en Su Palabra revelada; pero ahora, cuando clama y suplica por agua que refresque su lengua, no solamente cree en Dios, sino también en Su Palabra y ¡oh, cuán de cerca seguiría a cualquier liberador que pudiera ofrecerle agua!

Pero no hay liberador en el infierno. Él clama, y clama, y clama pero nadie viene y así clamará y continuará clamando por las edades de la eternidad, y por las edades de la eternidad no habrá liberador.

Estos pensamientos son demasiados horrorosos para insistir en ellos; pero sin embargo, son las verdades que claramente nos enseña la Palabra de Dios y que ahora claramente siente y conoce como verdades el desdichado Rico. Reflexiona sobre ellas, te ruego, y detente por unos momentos antes de rehusar otra vez el agua. Te digo de nuevo que tu necesidad es igual a la suya, con una sola diferencia: tú estás en la tierra y él en el infierno. Él permanecerá eternamente en necesidad, *mientras que tú puedes verla suplida.*

¡Oh, quienquiera que tú seas, si todavía no eres salvo, pueda el Señor bendecir para su salvación lo que escribo! Si no fuera porque Dios en su fortaleza perfecciona la debilidad humana, ¿quién podría atreverse a intentar salvar a un mortal?; porque en realidad nunca un cristiano se siente más impotente que cuando, ya sea por escrito o de palabra, trata de hacer que las cosas espirituales lleguen al corazón de los inconversos, pero aún siendo así, ¿cesará el pueblo de Dios de tratar de conseguirlo? Dios haga que no. El mandamiento es: "Echa tu pan sobre las aguas", y la promesa: "Tú lo encontrarás". Pido a Dios que, no solamente todo lector de este libro sino también toda persona no salva en esta tierra, pueda experimentar este deseo tal como lo sintió y siente el Rico en el tormento, y suplico a Dios que los terrores de la muerte le rodeen y que le asalten los dolores del infierno.

¿Te escandalizas de esto? ¿Consideras esto poco caritativo, poco bíblico y poco cristiano? Si es así, por un momento ponte a considerar conmigo la primera parte del Salmo 116.

"Amo a Jehová, pues ha oído mi voz y mis súplicas; porque ha inclinado a mí Su oído; por tanto, le invocaré en todos mis días. Me rodearon ligaduras de muerte, me encontraron las angustias del infierno; angustia y dolor había yo hallado. Entonces invoqué el nombre de Jehová diciendo: Oh Jehová, libra ahora mi alma."

En estos versículos tenemos una corta pero verdadera historia. Describen un caso que ha sucedido realmente. Relatan la experiencia de un hombre que puede empezar lo que dice refiriéndonos que ama al Señor. "Amo a Jehová" nos dice, y nos explica el porqué: "Amo a Jehová, pues ha oído mi voz y mis súplicas; porque ha inclinado a mí Su oído; por tanto le invocaré en todos mis días". El escritor de esto experimentó una aflicción profunda que le llevó a orar y suplicar a Dios. Es evidente que Él oyó y contesto su oración y que en consecuencia su corazón, antes lleno de angustia, estaba lleno de gratitud y amor. ¿Pero qué agonía de corazón fue la que le impulsó a orar? ¿Qué fue lo que hizo que se acercara a Dios con lágrimas y suplicantes clamores? Fue, como él mismo dice, el experimentar las penas y sufrimientos que movieron al Rico a pedir agua: "Me rodearon ligaduras de muerte, me encontraron las angustias del infierno; angustia y dolor había yo hallado. ENTONCES invoqué el nombre de Jehová".

Ahora bien, el que nos dice esto es David, el hom-

bre a quien el Antiguo y el Nuevo Testamentos describen
como el que era a la semejanza del corazón de Dios. El
Señor amaba encarecidamente a David; si no hubiese sido
así, David nunca hubiese dicho: Amo a Jehová". "Nosotros le amamos a Él, —dice San Juan—porque Él nos
amó primero." De manera que si alguno ama al Señor,
puede estar cierto de que el Señor le ama.

Pero, ¿cómo mostró el Señor Su amor hacia David?
¿Dejando que viviera en el goce y disfrute de la púrpura, el lino fino y los suntuosos banquetes diarios? No,
sino haciendo lo que acabo de decir y lo que yo desearía
que el Señor hiciera con toda persona no salva; es decir, que el Señor permitiera que a través de la tristeza
y el dolor los terrores de la muerte y los dolores del
infierno se apoderasen de ella.

Fue una terrible prueba la que sobrevino a David.
Podemos apreciar algo de lo terrible que fue, recordando
una expresión que nos dejó en el Salmo 88: "Desde la
juventud he llevado tus terrores, he estado medroso".
¿Pero era este terrible temor realmente perjudicial, venía a probar cierta carencia de amor por parte de Dios
hacia David? No, en ninguna manera, querido lector;
como tampoco lo es mi deseo de que en tu condición
no salva puedas experimentar la necesidad del Rico.
Repito, pues, que este deseo que respecto a ti siento no
es antibíblico ni anticristiano. Lejos de significar una
carencia de amor, la actitud de Dios con David consti-
tuía la misericordia más grande que Él hubiera podido
mostrarle. Dios se comporta con él como padre que ama
a su hijo, y esta manera de proceder llevó al hijo amado

otra vez a Dios. "ENTONCES, —dice David— ENTON-
CES, cuando me rodearon ligaduras de muerte, cuando
me encontraron las angustias del infierno; ENTONCES
invoqué el nombre de Jehová, diciendo: Oh Jehová, libra ahora mi alma."

Aun terribles como fueron en su experiencia, estas
ligaduras de muerte y angustias del infierno venían a ser
las más grandes bendiciones que Dios hubiera podido
otorgar a David. Bajo unas circunstancias de vida que
su corazón amaba —días de vida fácil y regalada— David
había pecado contra Dios; pero ahora, y en medio de
unas circunstancias que no eran gozosas sino penosas,
David se acuerda otra vez del Dios en contra del que
ha pecado, y acude a Él para que le salve su alma casi
destruida por su propia maldad.

"Bueno me es —dice David— el haber sido afligido."

Supongamos que David nunca hubiese sido afligido;
supongamos también que mientras vivió no se hubiera
interrumpido la vida fácil ni la ociosidad; e imaginemos
además que, como el Rico, David hubiese vivido sin
pensar en la muerte ni el infierno hasta que los terrores de una muerte incesante y los dolores de un infierno
sin fin se hubieran apoderado de él habiendo muerto
físicamente. Y digo que supongas esto porque si así
hubiese sucedido, ¿crees que alabaría y bendeciría a Dios
por ello? Por la misericordia de Dios no fue así, crees
que David desearía ahora lo contrario? David, templando
su arpa para alabar al Señor en medio de una gran
multitud que también ha pasado por gran tribulación,

está en el cielo porque Dios le envió los terrores de la muerte y los dolores del infierno —terrores y dolores que le llevaron a caer sobre sus rodillas con la petición: "Oh Jehová, libra ahora mi alma"— cuando estaba en la tierra; ¿crees, pues, que ahora, por este hecho, glorifica y alaba a Dios con menos amor en su adoración? No, querido hermano, ni ahora ni nunca. Algún día reconocerás, en el cielo, en la tierra o en el infierno, que es mejor sufrir aflicción con el pueblo de Dios, que gozar de los placeres del pecado por un tiempo. Aun en la tierra el pueblo de Dios es el más feliz, puesto que tiene para comer un pan que el mundo no conoce. David nunca sintió tanto placer en su vida como cuando pudo decir: "Amo a Jehová".

Lo más digno de compasión en la tierra, no es el hombre de quien se han apoderado los terrores de la muerte y las angustias del infierno, o en otras palabras, las agonías de una conciencia que ha sido despertada y dirigida a buscar a Dios; sino que la persona más digna de compasión es aquella que *no es salva y no siente inquietud alguna*; estar en paz, en este sentido, es el más grande de los castigos de Dios; y la maldición más grande de Dios, aparte del infierno, es la de permitir a un alma no salva que permanezca en esta paz. Si esta maldición está sobre ti, te ruego pidas a Dios que la quite. A menos que te sea quitada no puedes ser salvo porque, de no ser así, continuarás *contentándote en vivir sin Dios*. Piensa que es mejor: pedir a Dios que te envíe ahora dolor y sufrimiento para que de esta manera, como David, acudas a Él y supliques: "Oh Jehová, li-

bra ahora mi alma", o esperar el dolor y el sufrimiento que tarde o temprano vendrá sobre ti y que te lle-
vará, como al Rico, a pedir a Abraham cuando sea demasiado tarde: "Envía a Lázaro para que moje la punta de su dedo en agua, y refresque mi lengua".

CAPÍTULO VIII

LA RESPUESTA

¿Fue contestada la oración del Rico? Sí; nuestro Salvador nos ha dejado testimonio de que fue contestada y Dios mismo ha declarado que toda oración, aunque sea dicha demasiado tarde, sera contestada. La oración de aquel desdichado recibió la respuesta prometida por Dios y ésta contenía una marcada nota de BURLA. Muchos son los pasajes de La Escritura que nos dicen lo que Proverbios 1:24-26. Dice así: "Por cuanto llamé, y no quisisteis oír, extendí mi mano, y no hubo quien atendiese, sino que desechasteis todo consejo mío y mi reprensión no quisisteis, también yo me reiré en vuestra calamidad, y me burlaré cuando os viniere lo que teméis." Abraham dice en contestación a la súplica hecha en demanda de agua: "Hijo, acuérdate que recibiste tus bienes en tu vida." Esta respuesta era el cumplimiento de la Escritura y debía resonar en los oídos del Rico como la verdadera esencia de la burla más mordaz.

"Pero Abraham le dijo: HIJO..." ¡Qué amargo recuerdo de los privilegios gozados y de las oportunidades rechazadas le debía evocar la primera palabra! Y recuerda que, como toda palabra de la Escritura, ésta —hijo— está escrita para nuestra enseñanza. "Pero Abraham le dijo: HIJO. ¡Qué! ¿Un hijo de Abraham en el infierno?

¿Cómo puede ser esto posible? ¿Y podrá Abraham, al que había sido hecha la promesa, reconocer como hijo suyo a uno de los hijos del diablo? Sí, porque nadie mejor que él conoce la diferencia entre un israelita según la carne y uno de los verdaderos descendientes de la SIMIENTE en la cual serán benditas todas las naciones de la tierra. "El Espíritu es el que da vida", dice el Señor, a la carne para nada aprovecha." El Rico era hijo de Abraham según la carne; había nacido israelita, y sin duda alguna, en el día prescrito y por el rito de la circuncisión, había sido admitido en el seno de la Iglesia Judía. Muy posiblemente hubiera podido decir como el apóstol Pablo: circuncidado al octavo día, del linaje de Israel, de la tribu de Benjamín, hebreo de hebreos." Para él, al igual que para aquel fariseo que fue al templo a orar, era una gran consolación el pensar que no era como los demás hombres, gentiles y pecadores. Él era israelita, un hijo de la Iglesia, un hijo de Abraham. ¿Que más podía pedirse? Como hijo de Abraham y como hijo de la Iglesia, ¿no era también hijo de Dios? Y eso pensaba él, como otros tantos semejantes a él llegan a creer. Pero esto en realidad era una falsa conclusión, aunque aun así llegó a creerla. Lo que ahora creen algunos cristianos de su bautismo y de sus privilegios como miembros de Iglesia, es lo que llegó a creer el Rico con referencia a su circuncisión y privilegios judaicos. Creía que por ellos era un hijo de Dios, y desposeerle de esta esperanza en los ritos externos hubiera significado nada menos que desposeerle de toda su religión. Sin embargo, bueno le hubiera sido ser desposeído de los tales y quizá de esta manera no hubiera vivido ni muerto bajo tal engaño.

Pero cuán terriblemente fue quebrantada aquella ilusión cuando Abraham le llamó "HIJO" en el infierno. Allí, a su lado, en el lugar preparado para el diablo y sus ángeles, vio a hijos de Abraham, a hijos de la Iglesia, pero no vio a ningún hijo de Dios. Allí aprendió que un hijo de la Iglesia puede perecer, y esto por la sola razón de que cuando estaba en la tierra nunca llegó a ser un hijo de Dios. Allí aprendió que, si bien en esta tierra había gozado de grandes privilegios, en especial el de que como hijo de Abraham había recibido la Biblia —"los Oráculos de Dios"— sin embargo en estos privilegios no estaba la salvación, ni dependía de ellos, sino que reportaban una gran responsabilidad; y aprendió que por negligencia propia había cambiado aquello que para él hubiera podido ser sabor de vida para vida en sabor de muerte para muerte, y que estos privilegios, lejos de haberle proporcionado salvación, servían para que ahora Dios le hiciera responsable por no haber aprovechado las ventajas de los mismos. En el infierno aprendió lo que debía haber aprendido en la tierra, porque la enseñanza de las Escrituras es que uno no es hijo de Dios por serlo sólo exteriormente —"no es la circuncisión la que se hace en la carne"— y que ni el descendiente de Abraham, ni aquel que goce de otros privilegios espirituales puede llegar a ser hijo de Dios sin el espíritu ni la fe de Abraham.

Que un judío circuncidado, un descendiente de Abraham, debe ser necesariamente un hijo de Dios, era algo que en los tiempos antiguos venía a ser la firme creencia de todo judío que no era hijo de Dios. Esta misma creencia es mantenida en nuestros días por aquellos que creen en una regeneración producida por el bautismo: creen que toda persona bautizada es hecha, en virtud del rito bautismal, "un miembro de Cristo, un hijo de Dios, y un heredero del reino de los cielos", como enseña el Catecismo de la Iglesia Anglicana. Esta doctrina tan decidida e inequívocamente creída y enseñada ahora, fue tan decidida e inequívocamente creída y enseñada entonces, en los días de nuestro Salvador, y fue por Él decidida e inequívocamente negada y refutada. "Simiente de Abraham somos", dijeron los judíos no regenerados que rodeaban a Jesús buscando motivo para matarlo, "y un Padre tenemos, Dios." "Somos los hijos de la Iglesia", dicen los bautizados no regenerados que rodean a Cristo procurando matar Su Espíritu, "y un Padre tenemos, Dios". "Sé que sois descendientes de Abraham", dijo Jesús; sé que habéis sido bautizados en la Iglesia, pero no sois hijos de Dios. "Vosotros sois de vuestro padre el diablo." "Si vuestro padre fuese Dios, ciertamente me amaríais." Sois simiente de Abraham, sois hijos de la Iglesia, pero *si no Me amáis, sois de vuestro padre el diablo*" (*Juan 8:37, 42, 44*).

Querido lector no dejes que te engañen; está prevenido especialmente contra este malvado y engañoso corazón tuyo. Como Dios dijo en el Antiguo Testamento que hablan dos circuncisiones, la de la carne y la del corazón y que la genuina era "la del corazón, en el espíritu, no en la letra", así nos dice también que hay dos bautismos: el bautismo del agua, hecho exteriormente en la carne, y el bautismo del Espíritu Santo hecho interiormente en el Espíritu. El primero lo tenemos casi todos, según creo; lo recibimos en nuestra infancia o posteriormente; pero decir que todo aquel que ha sido bautizado con agua ha sido necesariamente bautizado con el Espíritu Santo es, no solamente falso, sino un absurdo. Es como si un israelita, por el hecho de haber sido circuncidado en la carne, deba necesariamente haber sido circuncidado de corazón. Y aunque algunos lo creen, ya he mostrado como el Señor refutó esta doctrina y respondió a los que así pensaban. Permíteme una cita de un pasaje de la Palabra de Dios que, entre otros muchos, refuta tal creencia, no sólo en el Espíritu, sino en la misma letra, y es suficiente para descubrir que es una herejía. "He aquí que vienen días, dice Jehová, en que castigaré a todo circuncidado, y a todo incircunciso; a Egipto y a Judá, a Edom y a los hijos de Amón y Moab, y a todos los arrinconados en el postrer rincón, los que moran en el desierto; porque todas las naciones son incircuncisas, y toda la casa de Israel es incircuncisa de corazón (*Jeremías 9:25 y 26*).

La pregunta, pues, es ésta: ¿Has sido bautizado con el Espíritu Santo? ¿El Espíritu de Dios da testimonio a tu Espíritu de que lo posees? Si es así, indudablemente has nacido de nuevo; entonces has sido hecho en verdad un miembro de Cristo, un hijo de Dios y un heredero del reino de los cielos. Entonces fuiste dado por Dios a Su Hijo antes de que los mundos fuesen, y ni el hombre ni el diablo podrán arrebatarte de Sus Manos. Gózate y alégrate inmensamente; porque ahora eres un verdadero israelita. El Dios Eterno es tu refugio, y abajo están los Eternos Brazos. Eres un creyente en el Señor Jesucristo, y TIENES vida eterna.

Pero si no has sido bautizado con el Espíritu Santo, te declaro con toda honradez que tu bautismo de agua no te servirá de nada absolutamente. "El que no naciere de agua y del Espíritu, no puede entrar en el reino de Dios"; y si después de haber gozado durante toda tu vida de las oportunidades externas y de los beneficios eclesiásticos de un cristiano mueres sin haber sido bautizado con el Espíritu Santo, tus oportunidades y privilegios eclesiásticos no te serán de más provecho que la circuncisión y condición de hijo de Abraham al Rico. Aun iré más lejos: tus ventajas, por ser mayores que las suyas, entrañan mayor responsabilidad, por lo que pueden hundirte en mayor condenación.

Pero recuerda que cuando Abraham llamó al Rico "hijo", habló a un hijo suyo perdido *en el infierno*, y será más tolerable *el juicio* para Sodoma y Gomorra que para un hijo que no se ha salvado. Tú, sin embargo, todavía no has sido llamado a Juicio —la misericordia y la verdad aun están alrededor tuyo— y todo hijo que todavía no ha sido salvo no debe desesperar en la tierra: Dios todavía desea BAUTIZARTE con Su Espíritu.

Hace casi veinte siglos, hubo un hombre enviado de Dios el cual se llamaba Juan. Fue enviado a bautizar con agua y a mostrar a los hombres a Cristo (*Juan 1:6, 7, 31*). "Y salía a él Jerusalén, y toda Judea, y toda la provincia de alrededor del Jordán" (*Mateo 3:5*). Fariseos y saduceos, escribas, publicanos, soldados y la demás gente —circuncisos e incircuncisos, bautizados y no bautizados—, rodearon a Juan el Bautista. Y él estaba muy ansioso por las almas de aquella multitud y las bautizaba, porque el bautismo era un mandato de Dios; pero, ¿les predicaba el bautismo? Juan el Bautista no dirigía a las gentes al agua del bautismo, sino a Cristo. A unos y otros su clamor era el mismo: "HE AQUÍ EL CORDERO DE DIOS". Entonces, ¿por qué Juan, siendo especialmente enviado para bautizar con agua, predico a Cristo antes que predicar la doctrina del bautismo? Porque sabía que la gran necesidad de aquella vasta multitud era la de un bautismo que ningún hombre puede otorgar a sus semejantes: el bautismo DEL ESPÍRITU; y El que le había enviado a bautizar con agua reveló a Juan que era CRISTO *"el que bautiza con el Espíritu Santo" (Juan 1:33).*

Lector, ¿eres un ministro? Tu misión es la misma que la que desempeñó Juan el Bautista: bautizar con agua y mostrar a Cristo a todo hombre.

Lector, ¿eres un hijo de la Iglesia, un bautizado no regenerado; un nacido del agua, pero no del Espíritu? Otra vez te digo: no debes desesperar. Ve a Jesús. Él te bautizará en Espíritu Santo" *(Mateo 3:11).* Pueda AQUÉL que enseñó a Juan enseñarte a ti.

Me he extendido bastante sobre la primera palabra que encontramos en la respuesta de Abraham al Rico, y diré poco sobre el resto de la contestación. Del principio al final me suena (y creo que al Rico también le sonaría así) como una burla amarga; y estaba dirigida, creyera

lo que creyera, a incrementar su tormento más que a
aliviarlo.

La primera palabra fue: "HIJO"; la siguiente:
"ACUÉRDATE". "Abraham le dijo: *Hijo, acuérdate.*" Si
no fuera por la esperanza de alcanzar a algún pobre
pecador para que se parara a "recordar" antes que sea
demasiado tarde, me estremecería al poner sobre el pa-
pel los pensamientos que ahora surgen en mi mente. Esta
alma perdida en el infierno eleva al cielo una súplica por
agua y en lugar de agua desciende la respuesta: *"Hijo
acuérdate".* No es necesario decirle que recuerde; a tales
desdichados no es necesario ayudarles a recordar, porque
estas pobres criaturas no pueden hacer otra cosa sino
recordar, pues el recuerdo de lo pasado viene a ser uno
de sus tormentos, uno de aquellos gusanos del infierno
que nunca mueren; pero es más, el que aquella suplica
por agua fuera contestada con la palabra *recuerda*, significaba atizar el fuego.

¡El recuerdo del pasado debe ser algo terrible en el
infierno! Leemos en la Biblia de muchos que se perdie-
ron; ¡cuán terrible debe ser en ellos el recuerdo de aquellas cosas por las que se afanaron a cambio de sus almas! Cuán terrible debe ser ahora el recuerdo en Balaam,
Acán, Herodes, Félix, Agripa, Ananías, Safira, Judas,
Demas y los otros muchos que se nos mencionan en el
Antiguo y Nuevo Testamentos, y que cuando estaban en
la tierra, al igual que aquel joven rico, volvieron sus
espaldas a Dios porque les demandaba que sacrificaran
el mundo para obtener los beneficios del cielo. Pero
aunque no hubiera memoria del pasado en el infierno,

la miseria de los que allí están sobrepasaría a todo conocimiento, pues sin un Mediador, sin un Intercesor, han caído en manos del Dios vivo; y "terrible cosa es caer en manos del Dios vivo", pues nuestro Dios es un fuego consumidor. Pero Dios, a juzgar por lo que Él mismo nos dice en las Escrituras que hará y por la respuesta que a través de Abraham dio al Rico, no vacila en añadir al "fuego consumidor" "los dardos afilados del Todopoderoso, con brasas de enebro". Abraham le dijo: "Hijo", y luego: "*Hijo, acuérdate*", y después: "HIJO, ACUÉRDATE QUE RECIBISTE TUS BIENES EN TU VIDA". El Rico pidió agua y se le contestó que recordara, y no solamente que recordara, sino que recordara ciertas cosas. "Acuérdate de tus *bienes*: las cosas que solían satisfacerte en la tierra, las cosas de las cuales hiciste dioses, las cosas que te han llevado a ese lugar de tormento. Ahora sabes apreciar el valor de Cristo y sabes que si pudieras poseerle, Él podría saciar todas tus necesidades; pero ya no podrás poseerle jamás. Le has perdido para siempre; pero aun así puedes consolarte: "*Tú recibiste tus bienes en tu vida*". ¡Oh, pero ahora, cuando sabía el valor de Cristo, que alguien llamara *bienes* a aquellas cosas por las que le había vendido! Ciertamente se cumplía entonces en sus oídos aquella Escritura que dice: "El que se sienta en los cielos se reirá; el Señor se burlará de ellos". Es verdad que una vez llamó *bienes* a las cosas por las que perdió a Cristo, y realmente pensó que eran *bienes*, pues deliberadamente rehusó repudiarlas por Él; pero que pensó de ellas cuando Abraham las llamó *bienes*. ¿Crees que, de encontrarte en la posición del Rico, considerarías como "*bienes*" aquello que ahora rehusas abandonar por Cristo? ¿Crees que algún alma perdida haya pensado jamás que hizo un buen negocio con los *"bienes"*, o que pueda recordar a los tales con algún otro sentimiento a no ser el de agonía? No olvides nunca mientras estés en la tierra que la *memoria* te acompañará en el infierno. Balaam recuerda muy bien el día cuando enseñó a Balac a ser piedra de tropiezo para los hijos de Israel, y recuerda también el día cuando Balac le retribuyó por ello. Era la retribución de la injusticia; pero a Balaam no le preocupaba la injusticia porque amaba la retribución y la consideraba como algo bueno, como *"bienes"*. Desde entonces, y ya hace tres mil años, está en el infierno; ¿con qué sentimiento recuerda ahora aquella retribución de su injusticia? *(Números 22, 23 y 24; Apocalipsis 2:14).*

Acán, el hijo de Carmi, recuerda el día en que las murallas de Jericó cayeron. Recuerda perfectamente que era uno de los que sitiaron la ciudad, porque entonces luchaba al lado del Señor. Pero también recuerda que vio "entre los despojos un manto babilónico muy bueno, y doscientos siclos de plata, y un lingote de oro de peso de cincuenta siclos, lo cual codició y tomó"; y recuerda también "que lo escondió bajo tierra en medio de su tienda". Sabía que esto estaba en contra del expreso mandamiento de Dios, pero la tentación fue tan fuerte que no la pudo resistir: las cosas que él codició le parecieron *"bienes"*. Acán, el hijo de Carmi, lleva ya tres mil años en el infierno; ¿de que manera recuerda ahora el buen vestido babilónico, las doscientas monedas de plata y el lingote de oro? *(Josué 7).*

¿Cómo mira ahora Herodes a la mujer de su hermano Felipe, o ella a él, al oír, como respuesta a su clamor por agua, las palabras de Abraham: "Acuérdate que recibiste tus bienes en tu vida"? ¿Cómo recuerdan ahora Félix y Agripa sus *"bienes"* que les privaron de salvarse cuando, ante la predicación de Pablo, Félix tembló y Agripa casi fue persuadido a ser cristiano? ¿Cuál crees que es el valor que da ahora Judas a las treinta monedas de plata por las cuales traicionó a Cristo, o Demas al mundo por el que abandonó el servicio de Dios?

Dejo que respondas a estas preguntas por ti mismo; solamente quiero llamarte la atención para que veas que la provisión hecha en el infierno para aquellos que quieren satisfacer su sed y claman por agua es el recuerdo de los *"bienes"* por los que vendieron a Cristo en la tierra.

No diré nada sobre la parte que correspondió a Lázaro: los *"males"* que tuvo. Si el Rico hubiese perdido la púrpura y el lino fino; si su propiedad hubiera pasado a manos de otro y hubiese llegado a ser un mendigo sin salud ni amigos, yaciendo al lado de Lázaro en lo que fue su propia puerta, hubiera parecido a los ojos de los hombres, y más que nada a sus propios ojos, que los *males* le habían sobrevenido. Mas si estos *males* le hubiesen manifestado *su satisfacción sin Dios* y hubieran sido la causa que le hiciera buscar a Dios, ¿no bendeciría ahora a Dios con el corazón lleno de gozo y gratitud por sus pruebas y sufrimientos? ¿No sonreiría ahora, como sin duda sonríe Lázaro, cuando oye el nombre dado por Abraham: *"males"*.

Pero falta algo todavía para llenar la copa del Rico,

y Abraham lo suple antes de cesar de hablar. Si el hubiera dicho solamente que durante el tiempo de su vida el Rico había recibido bienes como Lázaro males, y que ahora Lázaro era confortado como el atormentado, se hubiera librado de la más amarga de sus amarguras, porque podía haber mirado hacia el día cuando ya habría bebido hasta las mismas heces. De la misma forma como sus *bienes* habían tocado a su fin, podía esperar que sucediera con sus *males*. Quizá no sucediera esto en muchos años, en muchos millones de años —y muchos millones de años es un tiempo muy largo—; pero si Abraham le hubiera dado la esperanza de que el infierno no era eterno y que podía esperar que un día lejano, muy lejano, sería liberado de sus *males*, el infierno hubiese dejado de ser infierno porque habría habido esperanza en él, y el Rico se hubiera podido confortar a sí mismo, como el pueblo de Dios se conforta en esta tierra porque cada día que pasa la salvación se acerca un día más; cada porción de *tiempo* pasado en aflicción es "momentáneo y leve" comparado con el gozo que ante ellos se levanta en un final y eterno futuro.

Pero el infierno es eterno. Si el infierno no fuera eterno, nuestro Salvador no hubiese podido decir bajo ningún aspecto lo que dijo: que para algunos hubiese sido mejor no haber nacido. Admitamos que el infierno existiera durante un período de tiempo tan largo como la mente del hombre pueda imaginar; aun este período de tiempo, por largo que se lo imaginase, un día tocaría a su fin, y si al final de este período iba a terminarse el infierno y aquellos que se habían perdido pudieran participar de la herencia de los salvos, grande en verdad es la porción que hubiera caído en suerte a la criatura humana, pues fueran cuales fueren sus sufrimientos, hubiera nacido heredera segura de la gloria *eterna*.

Pero el infierno *es* eterno; y así se lo dijo Abraham al Rico. Si no hubiera añadido ninguna palabra a lo que ya he comentado, el Rico hubiera podido tener esperanza; pero Abraham añadió algo más y, con sus palabras, acabo de llenar la copa de este perdido con tormento sin mezcla alguna, pues desterró toda esperanza del Rico una vez en el infierno. "Además de todo esto", dijo Abraham, "una gran sima está puesta entre nosotros y vosotros, de manera que los que quisieren pasar de aquí a vosotros, no pueden, ni de allá pasar acá". Seguramente esto fue para añadir agonía a su agonía y para incrementar su desespero. Al principio el Rico fue invitado a recordar el pasado; ahora es invitado a pensar en el futuro. Antes se le dijo que mirara al pasado; Abraham dice ahora: Mira tu futuro. Has mirado tus bienes; ahora mira hacia adelante a tus males. Entre otras, hay una gran diferencia entre ellos: tus *bienes* fueron temporales; tus *males* son eternos. "Una gran sima está puesta entre nosotros y vosotros" y está PUESTA al igual que el Monte de Sión, que no puede ser removido. Tan cierto como que el lugar donde habitan los redimidos es eterno, la sima que te separa del cielo es una sima eterna, está PUESTA para siempre. Así dice el Señor: "El Monte de Sión no se mueve, sino que permanece para siempre" *(Salmo 125:1)*; y así dice el mismo Señor: "Una gran sima está puesta entre nosotros y vosotros, de manera que los que

quisieren pasar de aquí a vosotros no pueden, ni de allá
pasar acá".

Muchos escriben y hablan en contra de la doctrina del
castigo eterno; mas de tales hombres dice San Pablo que
"no tienen fe". Estos hombres, al no gustarles esta doctrina ni otras cosas que se desprenden de ella, desfigu-
ran las declaraciones claras y sencillas de la Biblia. Pero
los salvos en la tierra, y los perdidos en el infierno, creen
en la Palabra de Dios; y por mucho que los hombres y
mujeres del mundo afirmen y esperen lo contrario, tanto
el pueblo de Dios como los diablos saben que *esta Palabra es verdad*; que los santos hombres de antaño habla-
ron siendo inspirados por el Espíritu Santo; y que lo que
Dios ha revelado por boca de Sus Apóstoles y Profetas
es tan inmutable como Él mismo. La separación entre
el cielo y el infierno está establecida y el castigo eterno es tan cierto como la gloria eterna. Ambas realidades descansan en la verdad de Dios y el que menosca-
be el fundamento de una, menoscaba el fundamento de
la otra. Los demonios creen en la eternidad del infierno porque creen en la Palabra de Dios: creen y tiem-
blan. Si no estás salvado deberías temblar si creyeras en
la Palabra de Dios; la única razón porque no tiemblas
es porque no eres creyente.

Algún día serás creyente. Si no crees nunca en la tierra, creerás en el infierno.

CAPÍTULO IX

LA SEGUNDA PETICIÓN

"Una gran sima está puesta entre nosotros y vosotros, de manera que los que quisieren pasar de aquí a vosotros, no pueden, ni de allá pasar acá." Con esta declaración tan terrible Abraham cesa de hablar y el Rico ruega de nuevo.

"Entonces le dijo: Te ruego, pues, padre, que le envíes a la casa de mi padre, porque tengo cinco hermanos, para que les testifique, a fin de que no vengan ellos también a este lugar de tormento."

Ahora no hay lugar a dudas que el Rico estaba genuinamente ansioso de que le fuese dado lo que pedía, porque allí no sucede lo que es común en la tierra: la gente en el infierno no comete el pecado de orar por aquello que no desea. ¿Por qué razón, pues, el Rico llegó a sentir, de una manera tan súbita, inquietud por sus hermanos? Cuando estaba en la casa de su padre nunca le preocuparon sus almas; ¿por qué pensaba en ellos ahora? ¿Por qué, no habiendo rogado nunca por ellos en la tierra, rogaba ahora en el infierno, implorando que Lázaro fuera enviado para testificarles a fin de que no llegasen a ir al lugar de tormento?

Creo que solamente hay una respuesta a esta pregunta. Está claro que no era amor, porque no puede haber amor en el infierno, y especialmente no puede haber amor para las almas de los hombres; pero el Rico aprendió en el

infierno lo que probablemente nunca se le ocurrió en la
tierra: que cuando le fueron cedidas las propiedades de
su padre —la púrpura, el lino fino y el comer suntuo-
so— le fueron cedidas también las responsabilidades de
su padre; y entre las muchas cosas que le fueron confiadas por Dios, contaban las almas de los que depen-
dían de él, los de su casa, y especialmente las de sus
hermanos jóvenes. Como el mayordomo infiel, fue infiel
a lo que se le confió, y en lugar de procurar preparar
para el cielo a aquellos que se le habían confiado, dio
ante ellos ejemplo de una alta corrupción moral, *el ejemplo
de un hombre que se contenta en vivir sin Dios*. El poder
corruptor de su proceder infecto más o menos a sus
vecinos, a los de su casa, y especialmente a los jóvenes
miembros de su familia. Bajo esta influencia sus cinco
hermanos crecieron a su semejanza y, mientras oraba en
el infierno por ellos, ellos estaban viviendo tal como el
había vivido en la tierra e irían donde él había ido
después de morir a menos que el curso de su vida cam-
biara antes del día de su muerte. Bien sabía esto el
hermano mayor; pero no era por ello por lo que oraba.
Además de esto, sabía lo que le concernía de un modo
más personal: él sabía que, de perecer, sus hermanos
jóvenes no teman excusa alguna; pero que, sin embargo, en cierto modo había sido en la tierra el responsable de ellos; que al igual que Caín, el mal uso que hizo
de su responsabilidad era la causa de que la sangre de
sus hermanos estuviera sobre su cabeza; y tan cierto como
que él y sus hermanos estarían juntos por toda la eternidad, él, y también para toda la eternidad, estaría allí

con el peso de cinco torturas y con el mismo número de atormentadores. He aquí por qué oró.

Cuando un alma perdida levanta sus ojos en los tormentos y se da cuenta de la eternidad del infierno, difícilmente podrá concebir que su copa de sufrimiento no esté llena, o que la intensidad de su agonía pueda aún incrementarse, pero creo que esto es un modo de pensar de los que están aun en la tierra: es un juicio de aquellos que no pueden ver demasiado lejos. Creo que el Rico, al suplicar por agua, y aprender de Abraham que, no solamente no podía alcanzarla, sino que sus tormentos iban a ser eternos, supo también que había una cosa que podía hacer sus tormentos todavía más terribles; creo que su oración aunque fue hecha con aparente ansiedad por sus hermanos, era en realidad una oración por él mismo, una oración para ser librado de algo. *Algo que puede añadir agonía a la agonía del perdido: estar condenado con aquellos que él ha ayudado a llevar allí.* El temor de este tormento es lo que había en el corazón del Rico; el temor de este tormento fue lo que motivó su oración. Bien sabía el que sus acusaciones, sus burlas, y la persecución de su venganza incesante serían añadidas a sus otras agonías si sus cinco hermanos iban a aquel lugar de tormento.

¡Oh, vosotros!, que estáis descuidando las almas que han sido confiadas a vuestro cuidado por Dios. Sopesad en vuestro corazón lo que estoy diciendo. Pensad, no sólo en la maldición que estáis trayendo a otros —a aquellos a quienes vosotros deberíais ser medio de bendición—, sino también en la maldición que estáis acarreando sobre vosotros mismos.

¡Oh, vosotros, padres!, que enseñáis a vuestros hijos, si nominalmente no, sí virtualmente, a buscar las cosas del mundo antes que las cosas de Dios; en el nombre del Señor Jesucristo os digo: *¡Cuidado!* Si morís con este pecado sobre vosotros, tendréis vuestra porción entre los perdidos y entonces, en vuestra agonía, ¡cuán ardientemente elevaréis la oración del Rico: "Envía a Lázaro a mis hijos"! Siguiendo vuestras enseñanzas quizá puedan haber ganado todo el mundo; pero bien conocerás en el infierno que, si ellos también van allí, el hecho de que hubieran ganado todo el mundo no os ayudará a enfrentaros con las consecuencias. ¡Oh, vosotras, madres!, que enseñáis a vuestras hijas si nominalmente no, sí virtualmente, a buscar las cosas del mundo antes que las cosas de Dios; en el nombre del Señor Jesucristo os digo: *¡Cuidado!* Si morís con este pecado sobre vosotras, tendréis vuestra porción entre los perdidos y entonces, en vuestra agonía, ¡cuán ardientemente elevaréis la oración del Rico: "Envía a Lázaro a mis hijas"! Siguiendo vuestras enseñanzas quizá puedan haber ganado todo el mundo; pero bien conocerás en el infierno que, si ellas también van allí, el hecho de que hubieran ganado todo el mundo no os ayudar a enfrentaros con las consecuencias.

Vosotros, amos de siervos y escuelas; vosotros, propietarios de fábricas y factorías; vosotros, propietarios de establecimientos mercantiles y de otras clases; vosotros, empleados, quien quiera que seáis —cabeza o manos de la sociedad—, en el nombre del Señor Jesucristo os digo: *¡Cuidado!* Dios exige que mostréis cuidado e interés por las almas de aquellos que os sirven. Si vivís y morís sin interés alguno por sus almas, en el infierno mostraréis interés por ellas, ya que en ese lugar, todos aquellos que no muestran interés por las almas en la tierra, tarde o temprano elevaran la oración del Rico.

Mas sobre todo, ¡Oh, vosotros, ministros impíos y despreocupados!; ¡vosotros, pastores falsos!; vosotros, quienes delante de Dios habéis dado testimonio de que os creéis llamados por el Espíritu Santo para desempeñar el oficio de ministros de Cristo, pero que en realidad sabíais bien que ocupabais tal cargo para vuestros deseos y propósitos terrenos; vosotros, que habéis mentido, no solamente a los hombres, sino también a Dios; en el nombre del Señor Jesucristo os digo: *¡Cuidado!* Si morís con vuestros pecados, sólo Dios sabe en que profundidades os hundirá; pero de lo profundo, aunque sea desde la base misma del infierno, rogaréis: "Envía a alguien a testificar a mi congregación no sea que vengan ellos también a este lugar de tormento." Entonces será demasiado tarde; más con todo, desesperados *oraréis.* Pero, ¡Oh!, ¿qué es lo que podría deciros a vosotros, los peores de los pecadores? Esto: TODAVÍA NO ES DEMASIADO TARDE. Todavía no es demasiado tarde ni para vosotros ni para vuestra congregación. Rogad por vosotros y vuestra congregación ahora; en el nombre del Señor Jesucristo presentaos y presentad vuestra congregación ahora ante Dios; buscad honestamente ahora, por la palabra y obra del puro Evangelio, el salvaros vosotros y vuestras congregaciones y sea cual fuere vuestro pasado, tenéis la Palabra de Dios que "haciendo esto, te salvarás a ti mismo y a los que te oyeren" *(I Timoteo*

4:16). Otra vez os digo: *¡Cuidado!*; especialmente, y por el lugar que ocupáis, *cuidado en mostrar tardanza.* Si demoráis por un poco más, si demoráis hasta que llegue a decirse de vosotros lo que una vez se dijo del Rico, —*Ha muerto*— entonces vuestra oración será elevada demasiado tarde; y estaréis en el infierno teniendo sobre vuestras cabezas no solo vuestra sangre, sino también la sangre de vuestra congregación. En el nombre de nuestro Señor Jesucristo, pues, una vez más os digo: *¡Cuidado!*; y pueda el Señor Jesucristo perdonaros y mostraros misericordia, y os convierta. ¡Ay de vosotros si no lo hace!; porque no creo que exista un ser más miserable, entre los perdidos, que un ministro condenado y arrojado al infierno con su congregación.

Consideremos ahora la respuesta de Abraham a la segunda petición. El Rico había orado: "Te ruego, pues, padre, que le envíes a la casa de mi padre, porque tengo cinco hermanos, para que les testifique, a fin de que no vengan ellos también a este lugar de tormento. Y Abraham le dijo: A Moisés y a los profetas tienen; óiganlos."

Resulta evidente en la oración y en la respuesta, que tanto el Rico como Abraham juzgaban que estos cinco hermanos eran inconversos; que mientras él estaba orando por ellos en el infierno, vivían pecando en la tierra. Aunque no conocemos la forma particular de pecado, no es necesario que sea así; nos es suficiente saber que, como su hermano antes que ellos, estaban conduciéndose por los deseos de su corazón; que estaban satisfechos de vivir sin Dios en el mundo; y de morir en estas circunstancias perecerían como él.

Sin embargo, cuán diferente fue la respuesta que recibió el Rico entonces, de la contestación que Abraham había dado a su primera súplica. La respuesta a la primera oración le cierra de una vez para siempre la puerta de la esperanza; la contestación a la segunda, aunque rechaza su particular requerimiento, declara un camino cierto y seguro por él que sus hermanos impíos podrán ser salvos. *"A Moisés y a los profetas tienen; óiganlos."* Supongo que no es necesario poner en claro que cuando Abraham dijo: "A Moisés y a los profetas tienen", quería dar a entender que poseían las Escrituras, SUS BIBLIAS.

Ahora, quien quiera que seas tú en cuyas manos ha caído este libro, confío en que esta verdad bíblica esté bien clara para ti: No hay otro camino posible, por el cual *el hombre* pueda ser salvo, excepto el de la FE; o sea, abandonando la manera de pensar propia, la sabiduría humana y los deseos carnales por el *oír* (y aquí usamos la palabra empleada por Abraham); es decir, recibiendo, creyendo y aceptando en su lugar lo que las Escrituras dicen. Estas Escrituras enseñan al hombre que esta justificado "por el oír con fe", y en otro lugar que "la fe es por el oír, y el oír, por la palabra de Dios". En otras palabras: la fe es el oír la Palabra de Dios y el creer en ella. El Rico ora: "Envía a Lázaro para que testifique a mis hermanos." Abraham responde: "Tus hermanos poseen las Escrituras; atiendan a lo que éstas testifican."

¿Qué testifican las Escrituras? Dejemos que respondan las mismas Escrituras. "LA ESENCIA DEL MENSAJE PROFÉTICO ES DAR TESTIMONIO DE JESÚS".

La esencia de la Escritura es dar testimonio de Jesús. Para
este solo propósito y con esta sola meta fueron escritas:
para que pudieran testificar de Jesucristo, el Hijo de
Dios; de no haber amado Dios al mundo de tal manera que diera a su Hijo Jesús, no sólo no hubiera habido Biblia, sino que tampoco podría haber existido. Desde
Génesis a Malaquías y de Mateo a Apocalipsis, la Biblia
es un continuo testimonio de Dios manifestado en carne; de un Salvador prometido y de un Salvador dado.
Poco importa cuál sea el autor en particular de un libro o porción: el tema único de todas las Escrituras es
JESÚS. Según las veces, nos es mostrado simbólica, o
espiritual o literalmente, pero sigue siendo JESÚS. Jesús ordenado para venir, Jesús viniendo, Jesús venido;
Jesús viviendo, Jesús tentado, Jesús sufriendo; Jesús
cumpliendo toda justicia, Jesús abandonado de Dios y del
hombre; Jesús muriendo, Jesús sepultado, Jesús resucitado, Jesús ascendido, Jesús exaltado a la diestra de Dios;
Jesús Príncipe, Jesús Salvador; Jesús recibiendo del Padre el Espíritu Santo para derramarlo sobre los hombres
con el fin de que el Señor su Dios habite en medio de
ellos; Jesús poderoso para salvar, Jesús dispuesto a salvar —a salvar, no solo a los hermanos del Rico, sino a
todo aquel que vaya a Dios por Él; Jesús el Alfa, Jesús el Omega; Jesús el Principio, Jesús el Fin; Jesús el
Autor, Jesús el Consumador; Jesús el Primero, Jesús el
Postrero. No importa si escrito por Moisés, los Profetas
o los Apóstoles de nuestro Señor y Salvador: el único
objeto de la Biblia es el Hombre Cristo Jesús, "el cual
es Dios sobre todas las cosas, bendito por los siglos"

(Romanos 9:5). La esencia del mensaje profético es dar testimonio de Jesús, por lo que el Señor mismo dice: "Escudriñad las Escrituras" porque Moisés escribió de Mí, David escribió de Mí, los Profetas escribieron de Mí, y ellos son los que dan testimonio de Mí.

Pecadores merecedores del infierno eran también estos cinco hermanos del Rico; pero ellos tenían a Moisés y a los Profetas, y en estos se enseña, no sólo cómo podían alcanzar el perdón de sus pecados, sino cómo podían obtener el perdón para *una inmediata y perfecta justicia*. ¡Oh, maravillosa Palabra de Dios, declarada por boca de los santos hombres de antaño! Por la fe en Cristo, el más grande de los pecadores puede, no solamente obtener el don del perdón, sino también "el don de justicia"; el don de una justicia tan sin pecado, tan pura, que la Palabra de Dios la llama y declara: "LA JUSTICIA DE DIOS.

No pienses que son estos mis comentarios propi‿ sobre Moisés y los Profetas; son palabras de Dios por boca de los Apóstoles de nuestro Señor y Salvador. Dejemos que el propio comentario de Pedro nos satisfaga acerca de la verdad de mi primera declaración; y sea suficiente el de Pablo para mi segunda afirmación. "De ÉSTE", dice Pedro, "dan TESTIMONIO TODOS LOS PROFETAS, que todos los que en Él creyeren, recibirán perdón de pecados por su nombre"; y, "Pero ahora, aparte de la ley, se ha manifestado la justicia de Dios, TESTIFICADA POR LA LEY Y POR LOS PROFETAS; la justicia de Dios por medio de la fe en Jesucristo, para todos los que creen en Él. Porque no hay diferencia, por cuanto todos pecaron, y están destituidos de la gloria de Dios" *(Hechos 10:43; Romanos 3:21-23)*. Tan cierto como que Pedro y Pablo interpretan correctamente el Antiguo Testamento, es que, en Moisés y los Profetas, les fueron ofrecidas a los cinco hermanos la "remisión de pecados" y a la justicia de Dios que es por la fe en Jesucristo". Y más de lo que fue ofrecido a ellos es ofrecido a todos cuantos poseen la Biblia.

Dios, conociendo que se acerca el día cuando toda la tierra deberá aparecer ante Él en juicio, "miró desde los cielos sobre los hijos de los hombres, para ver si había algún entendido, que buscara a Dios"; y su propio testimonio después de indagar es: "Todos se desviaron, a una se han corrompido; no hay quien haga lo bueno, no hay ni siquiera uno" *(Salmo 14:2 y 3)*. Dios desea que nadie perezca y, en el momento en que vio que ninguna persona podía salvarse ya que *"todos pecaron y fueron destituidos"*, aunque Él, como Juez justo, debía condenarlos a todos en el día del juicio, Su sabiduría diseñó un camino por el que el hombre culpable pudiera presentarse sin culpabilidad delante de Él; y pudiera Él, como Dios justo y estricto, no solamente hacer que el hombre se librara de condenación, sino también hacerle partícipe de una heredad en el reino de los cielos. Su sabiduría vio un camino, Su amor hizo un camino, Sus Escrituras declaran el camino, y el camino es JESÚS.

De tal manera amo Dios al mundo, que, cuando vino el cumplimiento del tiempo, envió a su Hijo, nacido de mujer y nacido bajo la ley, para que redimiese a los que estaban bajo la ley; palabra fiel y digna de ser recibida por todos: que Cristo Jesús vino al mundo para salvar a los pecadores. El que en el principio era con Dios, y era Dios, fue hecho carne para que por la gracia de Dios gustase la muerte por todos. Él herido fue por las rebeliones del hombre, molido por los pecados del hombre, Su sangre fue vertida para hacer expiación sobre el altar por el alma humana; y el alma de Aquél que no conoció pecado fue ofrecida en expiación por el pecado del hombre. Aquél que, siendo en forma de Dios, no estimo el ser igual a Dios como cosa a que aferrarse, sino que se despojo a Sí mismo tomando forma de siervo, hecho semejante a los hombres; y estando en condición de hombre se humilló a Sí mismo, haciéndose obediente hasta la muerte, y muerte de cruz. Así está escrito, y así fue necesario que el Cristo padeciese, y resucitase de los muertos al tercer día; y que se predicase en Su nombre el arrepentimiento y el perdón de pecados en todas las naciones (*Juan 3:16; Gálatas 4:4; I Timoteo 1:15; Juan 1:1; 1:14; Hebreos 2:9; Isaías 53:5; Levítico 17:11 y Mateo 26:28; Isaías 53:10; Filipenses 2:6-8; Lucas 24:46-47*).

JESUCRISTO —Dios manifestado en la carne— vivió y murió por los pecadores; vivió por ellos para que Su vida de obediencia sin pecado pudiera serles imputada como si ellos mismos la hubieran vivido; o bien, para expresarlo de una de las muchas formas en que el apóstol Pablo declara la misma cosa, "así por la obediencia de UNO, los muchos serán constituidos justos" (*Romanos 5:19*); y murió por ellos en expiación por sus pecados para que Su muerte y expiación pudiera serles imputada como si ellos mismos hubieran experimentado aquella muerte y llevado a término su expiación. Esta es la gran DOCTRINA de Moisés y los Profetas. Interpretadas por Cristo mismo y sus Apóstoles las escrituras de los Profetas declaran que el creyente en Jesús, aunque carece por completo de justicia propia y sólo es digno de muerte eterna, no solamente nunca será condenado con la muerte —porque la muerte de Cristo le ha sido imputada— sino que también será hecho "justicia de Dios en Él" por amor de la justicia de Cristo que también le ha sido imputada. Mientras el gran tema de Moisés y los Profetas es Jesús, la gran doctrina de los mismos es la de la SUBSTITUCIÓN.

Abraham dijo al Rico: "A Moisés y a los Profetas tienen." ¿Y qué dijo él a esto? ¿Dio gracias a Dios, se reanimó y puso al fin sus esperanzas en que sus hermanos al leer y creer en las Escrituras no irían a aquel lugar de tormento? ¡No!, porque desde el día en que la vieja serpiente engañó a Eva hasta ahora, en la tierra y en el infierno la táctica del diablo y sus hijos ha sido siempre la de negar la suficiencia completa de la pura y sola Palabra de Dios para salvar a las almas. "Abraham le dijo: A Moisés y a los Profetas tienen." El Rico repuso: "No, padre Abraham; pero si alguno fuere a ellos de entre los muertos, se arrepentirán."

En la respuesta del Rico tenemos la personificación del embuste que en diferentes formas enseña y mantiene tan abiertamente, no sólo la Iglesia de Roma, sino un gran sector religioso que se llama cristiano. Éstos niegan que el hombre que tiene la Biblia, tiene a su vez el único maestro que su alma requiere. Niegan que una

Biblia sin notas, sin comentario, sin intérprete o aclarador, pueda hacer al hombre sabio para salvación. Abraham dio a entender evidentemente, no sólo que teniendo a Moisés y a los Profetas podían salvarse, sino también que con ellos tenían todo lo necesario para ser enseñados en lo que debían hacer para ser salvos. Lo que Abraham tan directamente enseñó lo contradijo el Rico del mismo modo. *"No, padre Abraham."* No, no es así. Sé que tienen a Moisés y a los Profetas; sé que tienen sus Biblias, la Palabra escrita de Dios; pero en sí misma la Biblia no es suficiente, necesitan otro maestro; la Palabra de Dios dejada simplemente en sus manos nunca evitará que vengan a este lugar de tormento. Si tuvieran algo más de lo que Dios ya ha hecho para salvarles; si tuvieran algún maestro o la ayuda de una gran autoridad; especialmente si fuera a ellos alguien de entre los muertos, se arrepentirán.

Lector, si este pensamiento de que la Biblia, aunque la leas pidiendo en oración que el Espíritu Santo te dirija, no puede por sí misma hacerte sabio para salvación surge en tu mente alguna vez, recuerda lo que ya te dije respecto a las oraciones elevadas a los santos y mediadores, es decir, recuerda dónde se originó esta mentira: se originó en el infierno, y aunque lejos esté de mí aconsejar a nadie que rehuse la ayuda de su Iglesia, de su pastor, o de cualquier otro maestro que él piense pueda serle de ayuda, yo le exhorto a que compare las doctrinas de su Iglesia y otros enseñadores a la luz de la Biblia, antes de recibir las enseñanzas de éstos. "Mas si aun nosotros, o un ángel del cielo", dice San Pablo

a los gálatas, "os anunciare otro Evangelio diferente del
que os hemos anunciado, sea anatema"; de esta manera
claramente se ve que el hombre está obligado, no sólo
a examinar las enseñanzas de su pastor a la luz de las
Escrituras, sino incluso la enseñanza de un ángel del
cielo, caso de que se le apareciera; y también que, si por
aceptar a ciegas a cualquier enseñador, un hombre lle-
gase a creer doctrinas falsas, sería inexcusable, y al igual
que su falso maestro, *"sería anatema"*. Si hubiese placido a Dios enviar a Lázaro a aquellos cinco hermanos,
éstos hubiesen tenido que probar lo que les dijera por
Moisés y los Profetas.

Es una solemne verdad la que Pablo nos declara escribiendo a los corintios, y también una de las primeras que el hombre natural ha de aceptar, que "la palabra de la cruz es locura *a los que se pierden" (I Corintios
1:18)*. Obsérvese que no es que ellos pretendan que sea
locura, sino que creen realmente que es locura; y el último consejo que un hombre inconverso daría a un amigo
en necesidad espiritual sería que estudiase la Biblia. Creo
que el Rico pensó con profunda sinceridad que si Lázaro
hubiera ido a ellos de entre los muertos, hubiese sido
el medio más apropiado para llevar a sus hermanos al
arrepentimiento; más apropiado que leer a Moisés y a los
Profetas; pero por sincero que fuera su pensamiento, esto
no era verdad. El Rico estaba bajo la enseñanza del
diablo y, como sucede con todo hombre que no es enseñado de Dios, bajo "un poder engañoso, para que crean
la mentira" *(II Tesalonicenses 2:11)*; y no existe en la tierra
nada más ofensivo para Dios, o destructivo para el hom-

bre, que la honesta y genuina creencia de su corazón natural. Sabido es que muchos hombres han ganado todo el mundo por su sabiduría y poder naturales; pero ningún hombre ha seguido el dictado de su sabiduría desde su nacimiento hasta su sepultura, sin desagradar a Dios y perder su alma. Fue por esta razón, es decir, por el hecho de que el hombre por su sabiduría es incapaz de encontrar a Dios, que Él nos dio su Palabra, la Biblia; y de que creamos en esta Palabra o en nuestra propia razón, depende nuestra salvación.

Como siempre sucede, el que es enseñado de Dios está en lo cierto y el que juzga mediante las razones de su propio corazón está equivocado. "A Moisés y a los Profetas tienen" —dijo Abraham—. Enviar a Lázaro a tus hermanos, aun no habiendo razón alguna en contra de ello, no sería bueno porque "si no oyen a Moisés y a los Profetas, tampoco se persuadirán aunque alguno se levantare de los muertos".